オーラは、
私たち一人ひとりが持っている
エネルギー、すなわち個性

才能・仕事・人間関係・恋愛・金運
の鍵をひらく

# THE AURA《ザ オーラ》

西村麻里 著

WAVE出版

# プロローグ

**あ、あのピンク色の子、どうして今日はあんなに赤くなっているの？**
**先生、いつもは紫なのに、今日はなんで緑色っぽいんだろう？**

子どものころの私は、いつもそんなふうにまわりの人を見ていました。生まれたときから「共感覚」（シナスタジア）があって、お友だちや先生のことを、ひとみちゃん、山口君、渡辺先生と呼べなくて、「あの青い子」「ピンクの子」「紫の先生」と言っているような子だったんです。

みなさんは、人を見るとき、その人の体型や肌の色、顔の造作、表情などからその特徴を認識したり感じたりしますよね。でも私は、**小っちゃいころから、それぞれの人が持つエネルギーの色――オーラの色が見えていた。**つまり、人をオーラの色で判断する個性があったんです。

「共感覚」とは、簡単に言うと、人間が目で見て認識する感覚のほかに、人や文字などが色で見えたり、音を色や匂いで感じたりするといった感覚があること。共感覚の人がみな、オーラを見るかというと、まだそこまでは定かではありません。

それに私が子どものころは、その言葉自体がほとんど認知されていなかった時代。

「この子、どこかおかしいところがあるんじゃないかしら?」と心配する母親に、方々の病院に連れていかれては検査を受け、そのたびに確かな結果を得られず……と、子どもにとっては辛い日々の連続。

私自身、大人たちに「この子は普通じゃない」「お友だちと違うことを言っちゃダメ」

と言われ続けていたせいか、人がオーラの色で見えることに、マイナスイメージしかなかったんです。

でも、いつごろからでしょうか?

**「麻里さんは、どうやって夢をスイスイ実現させているの?」**
**「どうしたら、そんなふうに人生を切り開いていけるの?」**
**「どうしたら、人とうまくやっていけるの?」**

と、本業のコピーライター、クリエイティブディレクターの仕事とは別に、多くの方々から相談を受けたり、雑誌やラジオなどのメディアでカウンセリングをしたりするようになっていました。

今は忙しくて、個人の相談や鑑定は直接受け付けていませんが、以前はさまざまな

人にお会いして、

「この赤の人は、青のオーラを持ったから、人生がうまく行ったんだな」

「今、この人は緑を持っているから、これを外してあげなきゃ」

「この人は水色が強いから、なんとかしなくっちゃ」

と鑑定してはアドバイスをしていました。

そして、相談者のみなさんから、

**「あれから、人生がどんどんいい方向に向かっているんです！」**

という声をたくさんもらうようになったんです。


**オーラって、やっぱり意味があるんだな。**


今は心からそう思います。

**だからみなさんも、オーラを知ることで、一歩を進めるな、と。**

例えば、星占いなどと一緒です。「私は何座だから、こういう運勢だ」というのがありますよね。それと同じで、

「私のオーラはオレンジだから、こうしよう」

「私は青のオーラになるために、こうしなくちゃ」

「あの人のオーラは赤だから、私はこう対応すればいいな」

といったことが日常になると、たぶんみんな、もっともっと生きやすくなると思うのです。


**ゴールはみんな、幸せになるために生まれてきているんです。**

**幸せにならないために生まれてきている人は、いないんです。**


人生、どんなに長く生きても100年ちょっと。だったら、その死ぬまでの短い一生の間に、どのようにしたら幸せになれるのかを、私がオーラで解説することで、**みなさんにも生きやすい人生を歩んでもらいたい**。そう思って、今回はこの本『THE

ＡＵＲＡ』を出版させていただきました。

『ＴＨＥ ＡＵＲＡ』では、**オーラとはどのようなものか、それを日常生活に生かしていくためにはどうすればいいか**など、私がこれまで数万人に及ぶたくさんの人たちと接しながらわかってきたことを、どんどんレクチャーしていきます。


**ＰＡＲＴ２にある「オーラ診断チェックシート」で、あなたも自分のオーラの色を知って**、まわりの人の色も観察しつつ、

「そんなこともあるんだあ！」

「私はこの色だから、こうなんだ」

「あ、あの人のオーラ、もしかすると私と同じ色かも〜」

と楽しみ、面白がりながら、読み進んでいってください。


それではみなさん、ＴＨＥ ＡＵＲＡの世界へ、ようこそ！

THE AURA——目次

PART 2

## オーラ診断
## ――あなたのオーラは何色？

PART 3

# オーラとの付き合い方
## ——オーラで幸せをつかもう

PART 4

# オーラ人間関係レッスン

## ――あの人との関係にオーラを生かそう

PART 5

# 有名人オーラ解説

## ——有名人を観察して、オーラをもっと知ろう

ブックデザイン　トヨハラフミオ（As制作室）
ブックインタビュアー　鮫川佳那子
執筆協力　藤原裕美
DTP　システムタンク
編集　大石聡子（WAVE出版）

# PART 1

# オーラとは？

## ——みんなオーラを持っている

## そもそもオーラって、なんだろう？

世間一般にオーラと言うと、例えばテレビなどでスピリチュアルな人たちが、「オーラが見える」と言っているのを聞いて、なんだかちょっと怪しいような、怖いような、霊的な存在ととらえている人が、きっと多いですよね。

でも、**私がこれから紹介していくオーラは、もっとみなさんの身近なもの。**

というのも私は、プロローグでもお話ししたように、小さいときから共感覚を持っていて、人の体のまわりや体の上に、いろいろな色が映って見えるんです。その力を生かして、これまで数万人の方々の鑑定をしてきましたが、あらためて確信しているのは、オーラはみんな美しく、どれ一つとっても同じものはないということ。

そうです。**これからお話しするオーラは、私たち一人ひとりが持っているエネルギー、すなわち個性なんです。**

だから、みなさんの個性であるオーラの色がわかると、

「私はこの色だから、こういうところを強化していこう！」

「私はこういうところが弱いから、この色を補色として身につけよう！」

と、**仕事や恋愛、友だち、親子関係など、いろんな場面で臨機応変に対応できる力が備わる**んですね。そうすればきっと、今よりもっと自分らしく、生きやすい毎日を送れるようになると思います。

それでは、まずは具体的に、オーラとはどんなものかをお話ししていきましょう。

# オーラの基本カラーは14色

オーラとは何かを知るために、まず最初に、どんな色があるのかを紹介しておきましょう。

私が見えるオーラの色は、実は数え切れないほどたくさんあります。いろいろな人の個性によってあらわれるものなので、当然といえば当然ですよね。

例えば赤1色をとってみても数種類あって、それを一つひとつカテゴリー分けするのは難しいので、ここではまず、オーラの基本的な色をあげておきましょう。それぞれの色の詳しい特徴は、**PART2「オーラ診断」**で紹介しますが、大枠は次の14色に分けられます。

**赤**……………情熱、熱血
**青**……………冷静、論理的
**黄色**…………ポジティブ、楽観的
**ピンク**………純粋無垢
**オレンジ**……コミュニケーション能力
**緑**……………真面目、概念的
**黄緑**…………破天荒、自由人
**紫**……………信頼、落ち着き、感受性
**ラベンダー**…聞き上手、癒やし
**レモンイエロー**…爽やか、優しさ
**サーモンピンク**…魔性
**水色**…………悲しみ、繊細
**シルバー**……職人気質、極める
**ゴールド**……浮世離れ、金運・財産運

**番外　カメレオンカラー**……状況や相手によってオーラカラーを変えられる人

最後のカメレオンカラーは、そのときどきでめまぐるしく色を変え、誰もが持っているはずの、その人自身のあるべきオーラが、表にまったく出ていない人。

とても珍しいオーラで、持っている人はほぼいないので、本書の「オーラ診断」では扱いませんが、番外としてあげておきました。

## あなたのオーラは1色じゃない

実は私たちが持っているオーラカラーは、1色ではありません。ごくまれに、1色だけの人もいますが、ほとんどの人は、いくつもの色が重なっています。

私たちは、それぞれの個性によって、先にあげた14色のうちの基本となる色を持っています（＝**軸のオーラ**）。私が見てきた限りでは、生まれたときからベースカラーとして変わらないのは、サーモンピンクとシルバー、ゴールドだけで、人は10歳ぐらいまでは、みんな純粋無垢なピンク。

つまりそこまでは、個人としての色はほとんどない状態ですが、思春期ぐらいから、その人自身の性格や環境などによって、軸のオーラができあがります。

そこから人は、年を経るにつれて、生活環境が変わったり、いろいろな人と出会ったりすることで、その**軸のオーラにさまざまな色が加算されていくのです。**

PART3で詳しく説明しますが、周囲の変化の中でも、一緒にいる人から影響を受けて、オーラの色が変わることがよくあります。

「類は友を呼ぶ」と、よく言いますが、そうした人といつも一緒にいることで、お互いの波動を受けて、オーラの色も影響されるんですね。

また、例えば職場で強いタイプのオーラの上司がいたりすると、その人のエネルギーを受けてしまうこともよくあります。パートナーもそう。結婚相手や恋人から影響を受けて、同じオーラを持つようになるケースもたくさん見られます。

**私たちのオーラのほとんどが、「軸の色＋αの色」がミルフィーユのように重なっているものなのです。**

## オーラには形がある

これを言うと、みなさん、よく驚かれるのですが、オーラには色だけでなく形もあります。しかも、**同じ形の人は一人もいません。**

丸い形の人がいれば、お花の形、真四角の形、天に向かってサーッと伸びている人もいる。同じような形に見えても、みんな違うんです。

ただ、**一般的には、丸形のオーラ**が多いですね。割合で言うと、6割から7割弱という感じでしょうか。性格が穏やかな人や、黄色やオレンジのオーラを持っている人は、必然的に丸いオーラの人がほとんどです。

**お花オーラ**は、なかなか持っている人がいませんが、華やかで、人をすごく幸せにさせる天性の人です。有名人のオーラの話は、**PART5**でも紹介しますが、お笑いタレントの渡辺直美さんは、典型的なお花オーラの人。

彼女を見ていると、とても幸せな気持ちになりますよね。彼女はオレンジと黄色、青のオーラを持っていて、それらがお花になってバックにあるという感じです。

**縦長オーラ**は、霊感とまではいかなくても、何かを感じやすいとか、霊があらわれるようなところに行ったら、頭痛がしてくるというような人によく見られます。

先日も、「こんな人、いるの?」というぐらい、オーラがずっと上にまで突き抜けていた人がいて、私は思わずその人の上のほうばかりを見てしまいました。

**真四角オーラ**は、額縁みたいな形をしていて、とても個性的な人が持っているケースが多いですね。風水師のDr.コパさんはこの形です。

私は、不思議とこの形のオーラの人と一緒にいると、気持ちがその人のほうに行ってしまう。例えば仕事で打ち合わせのときに真四角の人がいると、気が散って、メモをとるのにも、なぜか真四角を書いてしまうのです。

あと、注意したいのは**ギザギザオーラ**。マンガで登場人物がビックリしたりするときに出てくるギザギザの表現、ありますよね? あの感じです。

最近はイヤな事件が多いですが、例えば幼児虐待の人や殺人事件の犯人などは、だいたいがこのオーラ。人を攻撃したり、事件に巻き込んだりすることで自分を満足させるところがあるので、とても悪いオーラです。

職場にも、パワハラやモラハラをする上司がいたりしますが、そういう人の形は、少なからずギザギザ。なるべく近づきたくないですね。

**放射状オーラ**は、気持ちよくエネルギーを放っている状態。いろんな意味でポジティブで、夢を叶えていっているときに出ます。

ミュージシャンのＹＯＳＨＩＫＩさんや、フィギュアスケートの羽生結弦さん、浅田真央さんも、演奏しているときや演技しているときは、この形のエネルギーをパーッと放っています。

最後に**光オーラ**。これはもう、あの世とこの世の境がない世界です。この形のオーラを持つ人で私が知っているのは、美輪明宏さんだけ。お芝居などで見ていても、半分透明で、形もわからないぐらい透き通った光の色です。

私は宗教の世界はわかりませんが、釈迦やイエスキリストの後ろにある後光のように、宗教のカリスマのような人は、必然的にそうなるのかな、と思います。

# オーラには大きさもある

オーラには、小さいものも大きいものもあります。でも、小さければダメで、大きいものがいい、ということはありません。

ただ、**大きい人は、いろんな夢を叶えていけるということはあるかもしれません。その代わり、悪いものももらいやすい。**

いいものも悪いものも、ダイソンの掃除機みたいにガーッと何もかも強力に吸い込んで、どっちも経験しながら人生を終えていく、という感じです。いろいろなものを抱えて、さまざまなことに巻き込まれながらも、

「それでも私は行くぞ！」

とがんばれる人なら、大きくても大丈夫だと思いますが、それだけ傷つくことも、失敗することも多いのです。

それに比べて**小さい人は、悪いことから自分を守ることができるし、失敗もしづらい。**だから、いろいろな人を冷静に見ることができるのです。

芸能人に多く見られるように、表に立っているときは大きなオーラを放っていても、裏に行けば小さくするというように、オーラの大きさを伸び縮みさせて、コントロールできる人もいます。

## オーラはどんな質感を持っているの？

光のオーラのところでも述べたように、オーラを見ていると、

**「透明感がある」**

**「マットな感じ」**

というように、質感を感じることがよくあります。

私も、ブログなどでそうした表現をたびたびするのですが、**オーラの色の意味としては、基本的な違いはありません。**


ただ、例えば赤いオーラで言えば、赤く透き通ったフィルムを通して向こうが見えるような感じのオーラを持つ人は、スピリチュアルな能力のある人が割と多いかもしれません。芸能人のオーラによく見られるのは、感受性が強く、いろいろなことを鋭くキャッチして表現しているからでしょう。

一方、私が「マットな質感」と言っているのは、透明感とは逆に、オーラの向こうが見えない状態です。多くの人はこのタイプなので、こうした見え方の違いは、あまり気にする必要はありません。

# 動物にもオーラはあるの？

動物にも、オーラはあります。**子どもや動物のオーラの色は、可愛いピンク**。私が飼っているインコも、天使みたいにとても可愛いくて、ピンクの塊です。

動物は純粋無垢で邪念がないからこそ、どの色にも染まっていないのでしょう。

ただ、主張がとても強い猫やこだわりのある犬などは、たまにピンク以外の色がついていることも。私は雑誌『VOGUE JAPAN』で動物の性格を見てあげるコーナーをやっていて、そこに出てくる猫のオーラが青だったことがあります。

見た目は全然違う色の猫なのに、私が、

「青い猫、青い猫〜！」

と、さかんに言っているものだから、編集者さんは、
「なんのこっちゃ？」
っていう感じですよね（笑）。

## 昆虫や植物、モノにもオーラはある？

**昆虫や植物にも、生命があるので、オーラはあります。**

両方とも、光のオーラ。道ばたに咲いている花も、原っぱに広がる緑も、そこに住んでいる虫たちも、みんなとても美しく光っています。

なかでも印象的なのはセミです。地上でのその短い生涯を終えるときは、パーッと光っていた光が、まるで線香花火のように寂しく消えていくんですね。それを見てい

ると、私たち生き物の一生を見ているようで、なんだかとても切なくなります。

でも、**モノにはオーラはありません**。

以前私は、街の怪しい占い師に、行きがかり上占ってもらったとき、

「あなたの前世は、消しゴムですね」

と言われたことがあります（笑）。

「私はモノだったんかい！」

と、大爆笑しました。

## 土地にもオーラって、あるのかな？

人が長年住み着いてきた土地には、その場所特有のオーラがあります。

その時々によって違いはあるのですが、私が見たところ、**日本は総じて穏やかな紫色**。同じ日本の中でも、例えば東京はオレンジ、福岡は穏やかなラベンダーで、ときにはオレンジ、北海道は青、沖縄は黄色と、地域によって色が異なります。

私が仕事でよく訪れるニューヨークは、人々の活気が映し出されているせいか、激しい赤。イギリスは総じて穏やかで冷静な青という感じですね。国民性があらわれていて、面白いですよね。

日本では、２０１９年に新天皇陛下が即位され元号が令和に変わり、祝賀パレードも行われましたが、その前後のオーラの色の変化は見事でした。

東京周辺では、パレード前日と当日の朝はいつものオレンジ色だったのが、パレードが始まる前ごろからラベンダーになり、それが次第にきれいな紫に変わっていきました。皇室の紫が映し出されているようで、とても美しい光景でしたね。

# 調子が悪いときのオーラは何色？

私たちは体に変調をきたしたとき、何かどんよりと雲がかかったように感じることがありますよね。

オーラの見え方もそれと同じで、**体調が悪くなると、その原因となる箇所に、雲がかかったような感じで、グレーのオーラがあらわれます。**

以前、会社の別の部署の後輩に社内で会ったときのこと。彼女の腰まわりに何かぼんやりと、雲のようなグレーのオーラが映っているのが見えたので、気になって、

「ねえねえ、大丈夫？　腰のまわりとか、痛くない？」

と、聞いてみると、

「え？　なんでわかるんですか？　実は最近、腰がすごく重いんですよね」

という答え。

私は、これは急いだほうがいいと思い、病院で早く診てもらうように、強く伝えたところ、翌日彼女は会社を休んで病院へ。その結果、大きな子宮筋腫があって、その陰に子宮頸ガンも隠れていたことがわかり、即入院。

幸い彼女は、そのあとすぐに手術を受けて全快できましたが、彼女曰く、

「あと1、2週間遅れていたら、大変なことになっていた」

と、医者に言われたとのこと。

それを聞いて、私もホッと安堵しましたが、そういうことって、あるんですよね。

このようなオーラは、**メンタルが弱くなっているときにもあらわれます。**

**それは、どんよりとした水色のオーラ。**私が見ると、本来持っているオーラのまわ

りに、どんよりした水色のオーラが、傘みたいに被さっている状態です。

私のところに相談に来られた方たちの中には、このオーラの人が大勢いました。

私は、友だちやまわりの人たちがこの状態になっているのが見えたときも、

「なんでも話を聴くからね！」

と、全力でフォローするようにしています。

## オーラがなくなると、どうなるの？

今まで持っていたオーラがなくなって、別のものに完全に切り替わるか、という意味で言えば、**元々自分が持っている軸のオーラの個性がなくなることはありません。**

言い方を換えれば、どんなに経験を積んでも、個性がまったく違う人にはならない

んですね。例えば、
「前よりも、こういうところが強くなったね」
というように、個性が変わっていく、という感じだと思います。

また、**オーラがまったくなくなるという意味で言えば、エネルギーもないということなのですから、死んでいる、ということです。**

そのことに関連して言えば、**死ぬ1週間前の人のオーラの色は黒。**

以前、私がお世話になった人がガンの闘病をしていて、ある日、退院してきたんです。そのとき、みんなで「わぁ、よかった！」って言って迎えたのですが、私は彼のことが黒に見えて……。

でも、喜んでいるみんなを前にして、何も言えないまま一緒に快気祝いをして……、結局、それから5日後にその人は亡くなってしまいました。

そういうことがあると、私自身、ほんとうに辛い。街の中でも、黒いオーラの人を見かけたときは、結構落ち込みます。

黒のオーラは、とてもネガティブな色なのです。

## 誰でもオーラは感じられるの？

みなさんも、毎日いろんな人に会っていて、例えば、

「あの人は、優しそうだね」

「あの先生、なんだか難しそうな人だなあ」

と感じたり、何かふとした瞬間に、人の気配を感じたりすることってありますよね。

オーラを感じることは、それと同じ。

オーラが「見える」「見えない」ということで言えば、共感覚は生まれたときからの素質なので、それを変えることはできません。

ただ、**オーラを「感じる」ことは、感性を研ぎ澄ますことで、誰もができるようになっていくこと。**私はそう思っています。

**PART2の「オーラ診断」**で、あなたやまわりの人たちのオーラを知り、**PART3「オーラとの付き合い方」**や、**PART4「オーラ人間関係レッスン」**でわかったことを、例えば、

「あの人って青の人なんだ。じゃあ、私はオレンジだからこうすればいいね」と日常に生かすことで、オーラを身近に感じていきましょう！

# PART 2

## オーラ診断

――あなたのオーラは何色？

# あなたのオーラの色を知ろう

さあ、ここからは実際に、**オーラ診断チェックシート**で、みなさんのオーラは何色なのかを見ていきます。

42ページ以下に、赤から順に14色のオーラのチェック項目を10個ずつあげたので、自分に当てはまる項目があったら、□にチェックを入れてください。チェックはいくつつけても構いません。

各オーラごとにチェックが終わったら、その合計数をメモしておいてください。

**チェックの数が一番多いオーラが、あなたのオーラカラー**です。

ただし、この「オーラ診断」では、**チェックの数が七つ以上の色のオーラが複数あ**

るという人も出てくるでしょう。それは、**あなたがそれらの色のオーラを持っていて、今、それらの特徴が前に出ているということ。**

また、一番多いチェック数のオーラがわかった人でも、そうでない人にとっても、**五つ以上のチェックが入った色については、その特徴を持っているということ。チェック数が三つ以下の場合は、持っていない可能性が高いですね。**

「私はこの色のオーラだ！」とわかった人も、複数のオーラの特徴がある人も、
「そうそう、私はこういう強みや弱みを持っていたな」
「あの人には、こんなところがあるから、この色だな」
と、自分だけでなく、まわりの人のことも思い浮かべながら診断していってください。

それでは、始めましょう！

# オーラ診断チェックシート

## 赤のオーラ

□目標が明確で、それを達成することに喜びを感じる。
□やりたいことがあったら、後先考えず、すぐに行動してしまう。
□失敗は多いが、あまり気にしない。
□喜怒哀楽が激しい。
□「松岡修造さんみたいだね」と言われたことがある。もしくは「アツいね」と言われたことがある。
□思ったことはハッキリ言う。
□人から批判されても、あまり気にしない。
□何かとリーダー役になることが多い。
□メンタルが強く見えるが、時には傷つく。でも人に悩みを打ち明けるのが苦手。
□「自己中」「ワガママ」と言われる。

## 青のオーラ

□どんなときでも割と冷静でいられる。
□ロジカルに話す。数字が好き。
□友だちは多くない。友だちは少数いればいいと思っている。
□すぐに行動せず、綿密に計画を立ててから動く。
□仕事ができる副社長タイプ。リーダーの補佐役が得意。
□怒るときは、理詰めで相手を追い詰めるタイプ。
□好き嫌いよりも、損得で考える。
□あまり表情の変化がないので、クールな人と思われがち。
□人とすぐに打ち解けられない。人との距離感がある。
□無駄なこと、非効率的なことが嫌い。

## 黄色のオーラ

□人を笑わせることが大好きで、飲み会では盛り上げ役になることが多い。ムードメーカー。
□いじられキャラで、愛されキャラ。
□笑い声が大きく、豪快に笑う。
□「色気がない」と言われる。異性として見られにくく、恋愛に発展しにくい。
□裏表がなく、誰に対しても明るくいい人。
□落ち込んでも、寝たら忘れるタイプ
□暗い空気が人一倍苦手なので、ネガティブな発言をしている人がいると、場を明るくしようとがんばってしまう。
□常にみんなの前では明るいが、実は人に悩みを言えない。弱みを見せられない。
□一人で充電する時間が必要。
□調子に乗って騒いでしまい、「静かにしてください」とよく注意される。

## ピンクのオーラ

□恋愛をすると、相手のことばかり考えてしまい、連絡がないとイライラしてしまう。「重い」と言われたことがある。
□「天然だ」とよく言われる。
□純粋無垢で人にだまされやすい。
□動物や子どもが好き。
□仕事ではミスが多く、ちょっと頼りない。
□可愛いものが大好きで、キャラクターものや乙女なグッズを持っている。
□一人でいるのが苦手。常に誰かと一緒にいたい。
□彼(彼女)や夫(妻)の好みによって、ファッションも変わりがち。
□彼(彼女)がいると他の男性(女性)と付き合わなくなってしまうので、異性の友だちが少ない。
□傷つきやすく、異性から「守ってあげたい」と思われるタイプ。

## オレンジのオーラ

□コミュニケーション能力が高く、初対面でも楽しく会話ができる。
□男女問わず、仲良くなれる。
□海外旅行が好き。新しいことや未知なものが好き。
□この場では誰を立てたらいいか、自分はどう動けばいいかなどの勘が鋭い。
□数字が苦手。経理などのルーティーンの仕事が苦手。
□空気を読みすぎて疲れてしまうので、人は好きだけれど、一人の時間も大事にしたい。
□決められたことをやるよりも、その場に応じて臨機応変に対応するのが得意だし好き。
□想像力があり、右脳的。
□誰にでもいい顔ができるので、八方美人になりがち。
□飽きっぽい。

## 緑のオーラ

□「真面目だ」と言われる。
□ミスが少ない。
□きちんと約束を守る。遅刻はめったにしない。
□事務的な仕事、細かい仕事が得意。逆にその場に応じて臨機応変に対応することが苦手で、「○○さんのやりやすいように、自由にやって」と言われると困る。
□一つのことをコツコツと続けられる。
□学生時代の友だちを大切にし、今でも定期的に会っている。
□海外旅行よりも国内旅行が好き。
□義理人情に厚い。
□慎重になりすぎて、なかなか行動できない。
□「古風だ」と言われる。

## 黄緑のオーラ

□まわりに理解されないマニアックな趣味を持っている。
□人には言えないコンプレックスがある。
□一見、自信があるように見えるけれど、実は自信がない。
□多動症（ＡＤＨＤ）と言われたことがある。
□団体行動がすこぶる苦手。
□自分は変わっていると思う。
□好きなものには、結構な額のお金を投資する。
□人と同じことはしたくない。
□戦略家で、人を動かすのは割と得意。
□自分は時代の先を行きすぎていて、時代がついてきていないと感じることがある。

## 紫のオーラ

□落ち着いているので、実年齢よりも年上に見られがち。
□新人時代から、なぜか「貫禄がある」と言われた。
□「色気がある」と言われたことがある。
□霊感がある。
□品がある。「育ちがよさそう」と言われる。
□一流のものが好き。歴史のあるブランドが好き。
□人から相談を受けることが多く、頼られる。
□プライベートを多く語らないので、ミステリアスと思われている。
□口数が少なくても、なぜか目立ってしまう。カリスマ性がある。
□プライドが高く、頑固。

## ラベンダーのオーラ

□聞き上手でニコニコしている。「一緒にいると落ち着く」「癒し系」と言われる。
□家族を大切にする。
□一人で空想するのが好き。
□人と争うのが嫌い。競争するのも、させられるのも苦手。
□苦手なことをさせられると、病んでしまう。好きなことを極めたほうが幸せになれるタイプ。
□人に壁をつくらないので、誰とでも仲良くなれる。男女問わずモテる。
□自分の世界を守りたいので、マイペースを乱されたくない。
□優柔不断で、「NO」とはっきり言えない。
□人からあまり嫌われない。敵をつくらない。そのため、たまに人から批判されたり攻撃されたりすると、ひどく傷つく。
□一見、おとなしそうに見えるが、内に熱い情熱を秘めていて、頑固。

## レモンイエローのオーラ

□「爽やかだね」とよく言われる。
□子どもから老人まで、老若男女に好かれる。
□常に心が穏やかで、あまりイライラしない。
□嫌いな人がそんなにいない。
□押しに弱い。男性の場合は「草食男子」と言われる。
□誰かのサポート役のほうが好きで、細かい仕事が得意。
□やりたいことが特にない。野心があまりない。
□ダメンズ（ダメジョ）を好きになりやすい。
□クセがない。強烈な個性がないとも言える。
□人が喜ぶことが好きで、自分よりも他人を優先しがち。

## サーモンピンクのオーラ

□美人（美男）でなくても、なぜかモテる。
□高価なプレゼントをよくもらう。貢がれる。
□同性に嫉妬されやすい。
□お金持ちの男性（女性）に好かれやすい。
□痴漢（痴女）によく遭う。
□「フワフワしていて、つかみどころがない」と言われる。
□お金が貯まりやすい。
□「色っぽい」とよく言われる。
□柔らかくてハッピーな雰囲気を持っている。
□恋愛体質で、常に恋をしている。

## 水色のオーラ

□過去に悲しいトラウマがある。
□常に心に不安がある。
□繊細で傷つきやすい。
□人の気持ちをくみ取ることができる優しさがある。
□人の心の痛みがわかるので、人を癒やすことができる。
□音楽やアート、文学など、芸術的な才能がある。
□人の心をつかみ、強烈に感動させる力がある。
□心が傷ついている人を引き寄せる。
□ダメンズ（ダメジョ）と付き合いがち。
□プライベートはあまり明かしたくないので、オンとオフをきっちり分けたい。

## シルバーのオーラ

□一つのことを突き詰めていく職人タイプ。オタク気質とも言える。
□一点集中型なので、マルチタスクは苦手。不器用。
□自分が大事にしている考えや哲学は、絶対に曲げない。頑固。
□友だちはそんなにいらないと思っている。
□自分にとって大切な人に対しては、情が深い。
□興味のないことには、お金を絶対に使いたくない。
□好き嫌いが明確。好きなことしかしたくない。
□人に合わせるのが苦手で、「愛想がない」と言われる。
□ファッションは定番のスタイルがある（いつもこういうワンピースを着ているなど）。
□喜怒哀楽をあまり表現できない。

## ゴールドのオーラ

□波瀾万丈な人生を送っている。
□自分は強運だと思っている。
□たとえ多額の借金を負ったとしても、なんとかなると思っている。
□多くの人に批判されても、一部の人が理解してくれればいい。
□フットワークが軽く、海外へ行く。
□これまで大きな失敗をしても、それが逆にプラスになっている。ピンチはチャンスだと思っている。
□大きな決断は、全て直感で決めている。人に相談しない。
□そんなに苦労しなくてもお金が入ってくる。
□信じられないミラクルをよく起こす。
□子どものころから、「変わっている」と言われていた。

# あなたのオーラの基本的な特徴は？

みなさん、いかがでしたか？

「オーラ診断チェックシート」で、改めて自分を見つめ直すことで、今のあなたを再発見できた人も多いのではないでしょうか。各色のチェックシートの項目は、その色の持つ特徴でもあります。

当てはまる色が複数ある場合もありますが、環境の変化や人との出会いなどで、本来持っている軸のオーラに、いろんな色が重なっていくのが普通なので、安心してください。**複数のオーラカラーを持っているのが、今のあなたなのです。**

それでは次に、各オーラカラーの基本的な特徴を見ていきましょう。

## 赤のオーラの特徴

実は私も、オーラが見える方に、
「まあ、ほんとに赤いね～」
と言われたことがあるぐらい、強力な赤のオーラの持ち主。「オーラ診断」のチェック項目でも、九つぐらい当てはまっています。

このオーラを持っている人は、目標が明確なので、まわりの人から何を言われようと、とりあえずは猪突猛進で突っ走っていって、失敗をするタイプ。

でも、その失敗を乗り越えて、何かを達成していく力もあるんですね。だから、何事にも恐れない。気づけば物事を仕切ってリーダーになっていることが多く、ゼロからやっていく起業家や、広告関係などのクリエイティブな仕事などに、このタイプがよく見られます。

ただ、感情が激しく、人を巻き込みやすい。仕事や友人関係などに赤いオーラの人がいると、その波及効果があらわれ、いい方向に向かっていくことも多いのですが、まわりと共有できない部分もあって、人を傷つけたりすることもあるので要注意。

誰かの人生を変えてしまうような、カリスマ的な存在になることもあります。

**強み**：何も恐れずにどんどん行くので、物事を達成できる可能性が高い。
**弱み**：人に悩みを言えない。人と何かを共有することが苦手。

## 青のオーラの特徴

この色のオーラの人は、赤の私にとってはすごくうらやましい存在。どんなときでもクールに判断できて、赤のオーラとは真逆の人。自分の中に、青と赤のオーラを持つと、仕事や人間関係において、バランスがとてもよくなります。

決して無鉄砲に走ったりはせず、計画的かつ効率的に実行するので、時には「したたか」と言われることもありますが、成功する人が多いですね。

テレビの報道番組のアナウンサーに青のオーラの人が多いのも、どんな事件や問題にも対処できる冷静さが求められているからでしょう。

ただ、不思議と企業のトップにはあまりいません。どちらかというと、裏で全部を仕切っていることが多い。私が見る限りでは、「この企業、すごいな」と思うと、会長や社長は赤やゴールドのオーラだったりするけれど、その後ろには必ずと言っていいほど、全てを牛耳っている青のオーラの人がいます。

クールで非効率的なことが嫌い。何事に対しても常に論理的に考えるので、人と意見が対立したときなども、ついつい理詰めで責めてしまい、相手を追い詰めてしまうことがあるかもしれません。

また、自分のことを人に打ち明けられないタイプなので、人との距離をつくってしまいがちですね。

**強み：冷静沈着な判断ができる。左脳的。**
**弱み：理詰めで相手を追い詰める。人との距離がある。**

## 黄色のオーラの特徴

黄色のオーラは、パーフェクトではないとしても、その要素を部分的に持っている人は多いと思います。

お笑い芸人さんによく見られますね。いつも人を楽しませたり、笑わせたりすることを心の底から考えていて、とにかくまわりの人を喜ばせようとする。ホスピタリティが高いんですね。性格的にも、純粋無垢で裏表のない人が多いようです。

例えば、初対面の人に会ったときや、暗い雰囲気の集まりのときに、あえて自分が三枚目になって場を和ませることで、空気を変えていこうとがんばっちゃう。それで、ついつい調子に乗って、人から「うるさい!」と言われてしまうことも。

それでも懲りないんですね（笑）。

ムードメーカーという意味で、とてもいい存在です。


ただ、みんなの前では明るいところを見せているけれど、いざ自分のこととなると、人に明かせない。自分の弱い部分を人に見せられないんですね。

だから、

「まわりの人は、自分をわかってくれない……」

と思って、辛くなったりするときがあります。

そういうときは、一人になって充電する時間や場所が、必要ですね。

**強み：人を喜ばせようとするホスピタリティが高い。**
**弱み：つい調子に乗ってしまう。自分の悩みを人に言えない。**

## ピンクのオーラの特徴

このオーラは、ほかの色と比べて、みなさんの中には当てはまる人が少ないかもしれません。

赤ちゃんのころは誰もが、このピンクです。私が見える感じで言うと、赤ちゃんは、丸形のピンクで、色がとてもはっきりしています。

このあと出てくるサーモンピンクのオーラは、透き通っているような柔らかい色。それと比べるとこのピンクは、ショッキングピンクに近い色です。

この色の基本的な特徴は、性格に裏表がなくて、純粋無垢。動物や子ども、可愛いグッズなどが好きなのも、そんなところからきているのでしょう。

だからこのオーラの人と一緒にいると、まわりもフワフワッとしたとても優しい気持ちになれます。

また、一人でいるのが苦手で、基本的にいつも誰かと一緒にいたい人。恋愛体質の人も多いようですね。

ただ、その性格ゆえに、恋愛にも没頭しすぎてしまう傾向があるんですね。彼(彼女) のことばかり考えて、ファッションの好みも、生活も、全てが恋愛一辺倒になってしまい、結果的には「重い」と言われがち。

しかも、性格が純粋ゆえに相手の裏も見ないため、詐欺やダメンズ、ダメジョに引っかかりやすく、だまされやすい。その点で、気をつけてもらいたいオーラですね。

**強み：一緒にいる人を優しい気持ちにさせられる。性格に裏表がない。**
**弱み：詐欺やダメンズ（ダメジョ）に引っかかりやすい。**

## オレンジのオーラの特徴

実はこの色、持っていない人は少ないぐらいで、誰もが多かれ少なかれ持っています。というのも、オレンジはコミュニケーションの色なので、人間関係では絶対不可欠。だから、自然にみんなの中にインプットされる色なのではないでしょうか。

この色の特徴としては、数字などを扱う細かいことは苦手だけれど、コミュニケーション能力やマネジメント能力を生かした仕事にとても長けていること。

例えば仕事のチームの中にオレンジの人がいると、私のように赤の人が突っ走って、途中で頓挫《とんざ》しそうになったときでも、きちんとバランスよく形になっていきます。

大勢の人と話していると、

「私、コミュニケーション能力がないんです」

と言う人が結構いるんですが、私から見れば、その人は自分で気づいていないだけで、オレンジそのものだったりすることがよくあります。

不思議なことに、オレンジの人には自分で勝手にそのよさを消してしまっている人が多い。自分のよさを、もっと生かせばいいのにと思いますね。

この色の人の弱みは、まわりの空気を読みすぎること。例えば職場などでも、その場の空気を読みすぎて空まわりして疲れてしまい、そのストレスをためたま、自分を封じ込めがち。最悪の場合、うつになってしまうこともあるので要注意です。

**強み：**コミュニケーション能力・マネジメント能力が高く、仕事ができる。
**弱み：**空気を読みすぎて、ストレスがたまりやすい。細かい仕事が苦手。

## 緑のオーラの特徴

この色のオーラの人は、性格的にとてもしっかりしていて、何事に対してもきちんと真面目に取り組みます。

また、「こうしなければならない」「こうあるべきだ」ということがハッキリしていて、その枠から出ないことをよしとしているところがあります（＝**概念オーラ**）。

赤のオーラの人とは真逆で、何かを始めるにも、まずは、

「いや、待てよ。一寸先は闇だぞ」

と考える。向こうに行くと危ないから、私は女（男）だから、〇歳だから、母（父）親だから、まわりが反対するから……と、行動をストップさせてしまうんですね。

以前、イギリスの色の科学者と話したことがあって、緑は〝アモ〟というオーラで、日本人に一番多いマイナス思考の色とのこと。これは脳科学者も指摘していて、例えばニューヨークの人が自由にワーッと行動して、「守りに入っている場合じゃない！」という感じなのに対して、日本人の脳は守りに入る思考が強く働くそう。

つまり、外国人と比べても、昔から日本人はほぼ単一民族で、隣の人と競い合う必要がない環境で育っているので、逆に守りに入ることが大事だったんですね。

きめ細かで真面目なところはとてもいいのですが、こうした緑の思考傾向がネックになって、なかなかチャレンジできないところには、気をつけたいですね。

**強み：きめ細かで真面目。誠実。**
**弱み：自分で決めた枠組の外になかなか出られない。**

## 黄緑のオーラの特徴

黄緑のオーラは、少数派です。黄緑だけの人はなかなかいないので、みなさんの中にこの色があるかどうか、というところですね。

個性派で自由人。ある意味とても破天荒で時代の先を行きすぎているので、「宇宙人」と言われる可能性もあります。自分がいいと思ったら、誰もが予想できないことを突然言い出して、どんどん行動に移します。団体行動がとにかく苦手なので、フリーランスや個人でのビジネスに向いていますね。

ただ、自分をわかってくれて、味方になってくれる人がまわりにいれば、なんの問題もなくガンガン進んでいけるけれど、逆に、

「あの人、なんだか苦手」

と思われ、バッシングを受けることも。まわりの反応が両極端なんですね。

黄緑は、芸術家やアーティスト、研究者に多く見られるのですが、ファンが好き嫌いで大きく分かれます。

でも、歴史に残るようなすごい人になる可能性は大いにあります。


オーラ診断のチェックシートのところであげたように、黄緑はまわりが予測できないような行動をとるので多動症と言われがちですが、実際に子どものころそうだった私は黄緑を持っていないので、両者の関係性はあまりないようです。

**強み：個性派で自由人。歴史に残る可能性大。**
**弱み：組織の一員として行動するのにはあまり向いていない。**

## 紫のオーラの特徴

紫は、私にとっては憧れの色です。品がよく、凛《りん》としていて、「あの人に頼めば大丈夫だ」という信頼感が圧倒的にある。落ち着いていて、危なっかしいところがないんですね。だから、何かを任されることがよくあって、職場でも相談役などになっている人がたくさんいます。

しかも、スピリチュアルな能力の高い人が多い。サイキックな人は、大体紫を持っています。要するに、感受性が豊かなので、いろんなものを五感でとらえることができるんですね。

ただ、紫の人はなんでもかんでも抱えやすい。

「それ、あなたがやらなくてもいいんじゃない？」

ということも人に頼めないから、一人で全部抱えてしまうところがあります。

紫は、日本では昔から一番高貴な色と考えられていて、天皇陛下の紋章も紫。オーラの色で見ても、皇族の方たちは、軸としてはいろいろあったとしても、不思議とみんな紫です。なかでも雅子皇后は、元々は赤のオーラでしたが、いろいろと覚悟がおありになったのでしょう、今では美しい紫になられています。

ちなみに中国でも、紫は位が一番高い人の象徴。紫の龍も一番位が高いと言われていて、世界共通で高貴な色という認識がありますね。私もこの色には何かあるのではないかと思っています。

**強み：**凛としていて品がよく、信頼感がある。

**弱み：**人に頼みごとができないので、全部抱えてしまう。

## ラベンダーのオーラの特徴

ラベンダーは聞き上手で癒し系。前出のピンクのオーラとの違いは、人をホッと癒やす力がありながら、芯はすごくしっかりしています。

そして、見た目は割とフワッとしていても、自分の世界観をしっかり持っています。人と戦うことをよしとせず、競い合うことも嫌い。自分一人の時間がないと、生きていけないタイプも多いですね。そうした世界観を守ってこそ、この色のオーラを生かせる人です。

仕事の場でも、ラベンダーの人が一人いてくれると、空気を穏やかにしてくれるし、どこかで競い合っている人がいても、フワッとまとめてくれる。だから、仕事のときは、必ず一緒にいてもらいたい人ですね。

ただ、優柔不断で「NO」が言えない。

「あの人、あれをする時間がないんだったら、なんで断らなかったんだろう？」と、あとからトラブルになることもたびたび。

また、とても打たれ弱い。他人から一度攻撃されたり、すごく反論されたりすると、それに抵抗できずに落ち込むことも。

その落ち込み方も、尋常じゃないぐらいまで行ってしまう人が多いので、そこがちょっと弱いところでしょうか。

**強み**：芯のある癒し系。自分だけの世界観がある。

**弱み**：優柔不断。打たれ弱く、どこまでも落ち込んでしまう。

## レモンイエローのオーラの特徴

レモンイエローは軸ではなく、補色であることが多いですね。全部この色という人は、V6の井ノ原快彦さんぐらいでしょうか。

爽やかで、人のとてもいい癒し系。誰からも好かれて、「嫌いだ」と言う人は、ほとんどいないのではないでしょうか。

自己主張しすぎることもなく、ニコニコほがらかに誰とでも仲良くなれるので、グループや、人が複数集まる場所にレモンイエローの人がいると、すごく落ち着いて、みんながまとまりやすくなります。

ただ、自分を強く主張することがほとんどないので、グループ以外の場所では

あまり目立たない存在。人からも、

「あの人、何がしたいんだろう？」

と思われるし、自分でも、

「どうすればいいのか、わからない」

となりがち。

だから、

「じゃあ、私はどうすればいいか？」

と、自分の行く道をきちんと意識して考えていかないと、結局は人に流されてしまうので、要注意です。

**強み：とにかく人がいい。グループの一員としてみんなから好かれる。**
**弱み：主張が弱すぎて、人に流されがち。**

## サーモンピンクのオーラの特徴

サーモンピンクは、魔性のオーラです。要するに、フェロモンを放出している。

これは生まれ持った色なので、あとから追加しようと思ってどんなにがんばっても、まとえません。天性のオーラなので、持っている人はとても少ないと思います。

出しているのがフェロモンということもあって、色合いとしては、前に述べたピンクのオーラよりは柔らかく、透明に近いピンクです。

このオーラの人は、漂うものが、とにかく色っぽい。

みなさんも学生のころ、クラスに一人か二人、いませんでしたか？

「普通の子なのに、なぜかすごいモテてるよね」

っていう人。

でもこれは、生まれ持ったもので、本人が意識してやっていることではないんですよね。だから、性格は別のオーラの色だったりすることが多いんです。そのため、まわりの人にも、フワッとつかみどころのない人と思われがち。

これは、この色の人にとっては男女関係なくあることで、とりあえずはモテるというのが大きな強み。だから、同性からものすごく嫉妬されて、なんだかんだと言われても、そんなことを気にしなければ、とてもうらやましいオーラですね。

**強み：生まれ持ったオーラで、とにかくモテる。**

**弱み：同性から非常に嫉妬される。**

## 水色のオーラの特徴

水色のオーラは、例えば、身内が亡くなった、失恋した、いろんなことがダメになった、ものすごく悲しいことがあった……というときに、やってくる色です。そういう意味では、誰もが必ず持ったことのあるオーラです。

ただ、特別な悲しい出来事があったあとではなく、この色をいつも持っている人は、ガラスのように繊細なハートの持ち主が多く、自分を傷つけてしまいがち。アーティスト系の人によく見られるオーラです。

強みで見ると、アーティスト系の人はこの特徴をすごく生かせる。小説家、音楽家、画家もそうですが、受け手の心を震わせることができるアーティストで、水色を持っていない人を、私は見たことがありません。いい音楽や絵、文章をただ幸せに見せているだけでは、人の心は動かせません。自分の中に抱えたさまざまな悲しみの水色を、アートに込めて表現するから、私たちを感動させられるのです。

とはいえ、あまりにも水色すぎると、それこそメンタル面で病気になってしまいます。自殺を考えてしまうような人は、ほぼ水色になってしまう。だから私も、友だちやまわりの人が水色になっているときは、ものすごく心配になって、自分から声をかけるようにしています。

水色のオーラを持つ人同士は、互いに理解し合えるので、割とうまく行きますね。

**強み：アーティスト系の仕事に強く、人の心を感動させられる。**
**弱み：メンタル面の病気になる傾向がある。**

## シルバーのオーラの特徴

この色は、職人オーラ。自分の世界を持っていて、一つのことに没頭すると、ものすごく集中して入っていくので、誰も近づけない。

でも、実はこのオーラは、誰もが持っていて、あとから追加できるものではないんですね。

ただ、プロの職人さんは、ほとんどがシルバーオーラを持っています。こだわりの人。この色は、その強みを生かして、一つのことを極める人がとても多く、研究者や専門家に向いています。

「あのことだったら、あの人に聞けばいいよ」

と言われるようになるのが一番幸せな人です。

弱みは、頑固の塊でもあるので、人から、

「そこまでストイックにならんでも……」

と思われることもたびたび。

また、人付き合いがすごく苦手で、限られた人としか付き合わないので、組織やコミュニティでやっていくのはかなり難しい。「なんなの、あの人っ！」ということになりがちなので、会社勤めにはあまり向いていないようです。

なので、生粋のシルバーの人は、自分をわかってくれて、上手にサポートしてくれる人がいるかどうかが、才能を生かすためのカギになりますね。

**強み：自分のやりたいことに対しては、ストイックに向かっていける。**
**弱み：人付き合いが苦手。**

## ゴールドのオーラの特徴

ゴールドはサーモンピンクやシルバーと同様、持っている人があまりいない色。どこか浮世離れしています。

赤と間違えられやすい色で、両者ともに最強のオーラですが、ゴールドは自分が意識しなくても、ミラクルがどんどん起きる。努力しなくても、気づけばすごいところにたどり着いているんですね。たとえ逆境にあっても、苦労をいとわず、それを楽しみながら、前に進んでいける人です。

特筆したいのは、お金に困らないこと。金運・財産運があって、自然にお金が入ってきます。ゴールドの金運は、まわりの人にも恩恵をもたらすので、もし近くにゴールドだという人がいたら、ちょっと触れて、運をもらっておきましょう。

また、いろんな人を巻き込んでいきます。私が見る限り、企業のトップにはゴールドの人が多く、才能があるかどうかとは別に、社長としては絶対的な存在。実はその陰に青の人がいて、全てやってくれてはいるけれど、神様のような存在のゴールドの人がいるからこそ、会社は存続できている、という人です。

ただ、挫折の程度も大きくて、波瀾万丈の人生を送っている人も多い。下がるときは、尋常じゃないぐらいドーンと下がって、まわりから「もうダメなんじゃない？」と思われながらも、また上がってきます。

**強み：金運・財産運がある。逆境にあっても、前に進んでいく力がある。**
**弱み：挫折の度合いが大きく、波瀾万丈の人生。**

Column

## オーラで金運アップしよう

ここでちょっと一休み。金運アップの方法を四つ紹介します。お金がまわれば、世の中のエネルギーも私たちのエネルギーも、よい方向に巡っていきます！

**①ゴールドのオーラの人に近づく。できるだけ一緒にいる**

ゴールドの人といれば、あなたもその恩恵を授かって、金運がついてきます。

**②龍、鳳凰の開運グッズを持つ**

龍と鳳凰は、中国では天と地をつなぐ成功と繁栄の象徴。全ての運を上げます。

**③トイレ掃除を欠かさない。水が流れる場所をキレイにする**

成功者のトイレはみんなピッカピカ。家中の排水口も常にキレイにしておこう。

**④金運の集まらない古い財布は持たない。定期的に節分明けに財布を新調する**

節分の日は1年の運気の変わり目。新しいお財布で、金運をアップしよう。

PART 3

# オーラとの付き合い方

## ――オーラで幸せをつかもう

## オーラをクリアにするための第一歩

みなさん、「オーラ診断」はいかがでしたか?

自分の現在のオーラの色を知ることで、自分がどんな性質を持っているのかを、あらためて意識できたのではないでしょうか?

「オーラ診断」の結果を見て気づいた人もいると思いますが、これまで自分が好んで手に取ってきたモノは、必然的に自分のオーラカラーであることが多いんですね。それは、あなたのラッキーカラーでもあります。

実は自分のオーラの色を知ることの大切さは、その存在を知ることよりも何よりも、

**あなた自身が、自分という個性を客観的に見ることで、濁りがちなオーラをクリアにしていくこと。**


私たちはややもすると、毎日を漫然と過ごしてしまい、

「ああ、私の人生はどうなっちゃうんだろう?」

「私は何がしたかったんだろう?」

と思いがち。それでは、私たちのエネルギーであるオーラは濁ってしまい、幸せな人生を送れなくなってしまいますよね。


でも、**自分を客観視できるようになると、**

「私はここはいいけれども、ここはダメだな」

「ああ、こんな悪いクセがあったのか。でも、こういういいところもあるよね」

と、**自分の強みと弱みがよく見えて、それをきちんと意識できるようになります。**

そうすると、**自分のなりたい姿がより明確になり、オーラをクリアにしながら、前に進んでいく道筋ができるようになる**のです。

そうです。自分のオーラを知って、それを意識することこそが、みなさんのオーラをクリアにして、よりよい人生を歩んでいくための第一歩なのです。

## オーラを知れば、みんな生きやすくなる

私は日々を暮らす中で、オーラの色が見えてよかったと、つくづく感じていることがあります。

それは、**自分を知って、まわりの人のオーラの色も知ることで、ものすごく生きやすくなっていること。**

私たちは日々、職場や家庭、地域社会と、さまざまな環境の中で暮らしていますが、そこでの人間関係がぎくしゃくして悩むことは多いですよね。私の相談者の中にも、そうした悩みを抱えている人が大勢います。

みなさんの中にも、

「あの人はこう思っているはずだから、私はイヤだけど、こうしなくちゃ」

「私がこれだけがんばってやっているのに、なんであの人は何もやってくれないんだろう！　でも、そんなこと、口に出して言えないし……」

と、何かをするたびに空気を読んでは空まわりするばかりで、くたびれ果ててしまっている人が、きっと多いはずですよね。

**PART4**で、オーラの色別の人間関係の対応の仕方を具体的に紹介しますが、私の場合は、**仕事や友だちなどの人間関係にも、オーラの色の特徴を生かしています。**

例えば赤のオーラの私の場合、仕事でもどうしても突っ走っていきがちなので、きちんと物事を前に進めていってくれるオレンジの人や、全体を沈着冷静に形にしてくれる青の人などがいれば、仕事のチームとして、とてもうまく行きます。

ただ、そうした仕事を進めていく中でも、それぞれのオーラの弱みが出てくることは多々あります。でもそんなときも、**自分やチームのメンバーのオーラの強み・弱みを知っていれば**、例えば、

「彼女はオレンジだから、マネジメント能力はあるけれど、細かいところは苦手だな」

ということがわかって、

「なんで、あれをきちんとやってくれないんだ！」

なんて思わずに、自分はその弱いところの手助けをする、あるいは代わりに青い人にやってもらうようにお願いすることだってできるわけです。

そうすれば、場の空気を読んで、あれこれ考えたりせずに、自分のできることをするだけでいい。言葉を換えれば、**自分のすることが明確にわかって、それ以外のこと**

**は何も考えなくていい**のです。これは、オレンジや青の人に対してだけでなく、どんな色の人を相手にするときも同じですね。

みなさんも、職場の上司や部下、同僚、パートナー、友だち、親子、ママ友などとの関係に、「オーラ診断」でわかった色の知識と、このあと出てくるオーラとの付き合い方や人間関係での活用方法を、ぜひ生かしてみてください。

余計なことを推量する必要がなくなって、人間関係がほんとうに楽になりますよ！

## 自分のオーラの強みと弱みを意識するレッスン

オーラの色の効力がわかったところで、ここでは、自分のことをよく理解し、弱みを捨て、強みを伸ばしていくように行動していくために、私がいつもやっているレッスンを紹介しましょう。それは、次の2点です。

**①自分のオーラの色の特徴をもとに、自分の強みと弱みを、できるだけ具体的に思い浮かべながらノートに書き出してみる。**
**②強みを生かして次の行動に移るためには、弱みをどうすればいいのかも書き出す。**

これはオーラの色をクリアにして、前に進んでいくためにとても有効なので、みなさんもぜひやってみてください。


例えば、あなたは「オーラ診断」で自分のオーラは緑だとわかったとしましょう。

そこであなたは、**その色の強み・弱みと今現在の自分を照らし合わせて、**

「私は家庭をきちんと誠実に守ってきた。そのことには自信がある」

「でも、妻だから、母親だからという概念にずっと縛られてきたのかもしれない」

と思ったとしたら、それを全部、ノートに書き出してみるのです。

そして次に、

「だから、外に出ていろんなことをしたいと思っても、家事や子育てをきちんとしなくちゃ、ということを理由に、実行できないでいたんだ」

「まずは、自分のそういう気持ちをなくしていかなくっちゃ」

と、**自分の強みを生かして、次の行動に移るためにはどうすればいいのか**を、より具体的にノートに書き出していきます――。

そうすれば、あなたが今まずやらなければならないのは、自分の夢を曇らせてきた概念を消し去ることだということが明確になりますよね。あとは、それに向けて、一つひとつ実行していくだけ。

**自分の強み・弱みを明確にして、それを強みに寄せていくための判断を積み重ね、**

**行動していく**ことで、あなたのオーラは、きっとクリアになっていきます。

## 理想の色のオーラを持つ方法

**PART1**でも説明したとおり、元々持っている軸のオーラは、その人の個性なので、変えられません。

ただ、**サーモンピンクのようなフェロモンや、シルバー、ゴールドのような特別なオーラは別として、その他の色は、自分の色として持つことができます。**

例えば、赤のオーラを全然持っていない人が、

「私は、こういう方法で赤になろう！」

と思って鍛えていけば、だんだんなっていけるんです。

私が相談を受けた人の中にも、3カ月前に会ったときとは、オーラの色がまったく違っていた人がいたので、詳しく話を聞いてみると、

「消極的だった思考を、もっと積極的に考えるようにしてみたんです」

と言うんですね。そして、

「以前は自分からなかなか行動していけなかったんですけど、とにかく動くようにしてみました」

とのこと。

つまり彼女は、**なりたい色のオーラを意識して、以前とはまったく違う思考や行動をすることで、出会う人や環境を変えていった**んです。

この例のように、みなさんも、

「私はこうなりたい！」

というものが明確にあれば、それに向かって、どんどん行動していってください。

# 環境が変わればオーラの色も変わる

前項に登場した彼女のように、

「自分を変えようと、今いる環境から出ようとしても、なかなか出られないんです」

と言って悩んでいる人は、とても多いですね。

でも、そこで悩んでいるだけでは、何も変わりません。

だから、彼女のように思い切って、今の環境から外に出て、自分の居場所を変えてみる。外には、それまでとは違う世界があるのです。


**オーラの色は、人との出会いや環境の変化で、ガラリと変わります。**具体的にどんなときに変わるのかというと、やはり、**人生の流れが圧倒的に変わったとき。**

なかでも、**オーラの色に一番変化が起きやすいのは〝結婚〟です。**

私のところに来た相談者の中でも、パートナーと出会って結婚したことで、オーラの色が変わった人が、とても多く見られます。

正直、いいほうに変わった人もいれば、悪いほうに変わった人もいて、それだけ一緒にいる人からは影響を大きく受けるということ。パートナーの色に巻き込まれるようにその色になっていくことは、幸せなことでもあるのですが、悪いほうに行ってしまうのだとしたら、ある程度自分を守らなければなりません。

それは、当事者によっていろいろなパターンがあるので、ケースバイケースですね。

また、**外国に移住するなど、それまでとはまったく違う土地に引っ越したときも、オーラの色は変わります。**住んでいる環境が変われば、まわりの人の価値観も土地のオーラも変わって、自然に自分のオーラも違う色になっていきます。

だから、もし今の自分の状態が嫌いだけれど、どうしてもそこから抜けられないというのであれば、国内でもいいから、遠いところに引っ越しをするというのも、一つの手段です。

それから、今通っている職場の雰囲気や人間関係がどう努力しても自分とは合わないということであれば、**そこにいることに固執せず、転職するのも、オーラの色を変える手段**です。

基本的に、何か大きな出来事をきっかけに、**自分の考え方や人生観が大きく変わったときが、ターニングポイント**。

とにかく、自分がどうしたいのかを突き詰めて考えて、どうしてもダメとなれば、後ろを振り返らず、自分から積極的に動くことです。

# 補色を使って〝なりたい自分〟になろう

自分のオーラの色は、毎日の生活の中で、補色を上手に使うことで、弱みや強みを補うことができます。

例えば、私は赤のオーラで、弱みは冷静に判断することなので、仕事でプレゼンテーションをするときなどは、自然に青いスーツなどを着るようにしています。

それと同じように、もしあなたが**自分にない色、身につけたい色があるならば、その色を小物や服に取り入れるといい。**人から見えない下着などでもいいでしょう。

**それをだいたい半年から1年ぐらい意識してやっていると、その色のオーラを持てるようになります。**

例えば、**起業したいときや、新しく何かを始めたいときは、**
「私は、赤いオーラを絶対に身につける！」
と決めて、洋服や小物に**赤を意識的に使っていきます。**

その上で、**赤いオーラの人が多い起業家たちの集まりや講習会などにも参加して、徹底して赤に向かっていると、そのオーラがだんだん付加されていきます。**

**悩んでその場にとどまっていることをやめて、自分から積極的に、前に向かっている人たちの〝波動〟を受けに行く。**そのことが、大事なのです。

## 恋愛・結婚・出産運を高めるオーラは何色？

恋愛や婚活、夫婦仲、出産についても、補色はとても有効です。

ここで注目する色はピンク。**ピンクは、自分の中に愛情をもたらしてくれる色なので、恋愛運、結婚運、出産運を高めたかったら、意識的に取り入れていきましょう。**


例えば**恋愛運を引き寄せたい人や、婚活をしている人**は、

「いい人との出会いがない！」

と嘆いているのではなく、活動を1年間と決めたのなら、

「その間は、ピンクのオーラになる！」

という意気込みで、洋服や小物にピンクを使っていきます。愛を育むパワーストーンのローズクオーツを身につけるのもいいですね。


そして、恋愛がすごくうまく行っている人たちの集まりや、婚活パーティーなどに参加して、ピンクのオーラに積極的に触れていると、自然にその色が付加されていきます。そうすることで、**自分の波動を高めていく**、ということですね。

また、**夫婦仲をよくしたいときには**、夫婦二人で愛情を補い合っていくことが大切なので、**ピンクの中でも、ラベンダーに近い色**が効果的。

**出産したい人や妊婦さんには、サーモンピンク（淡いピンク）**がオススメです。

ちなみに**この世で一番愛のパワーがあるのは、サーモンピンクのオーラの妊婦さん。**人間の生命を芽生えさせて、そこで十月十日をかけて育んでいるのですから、母胎って、ほんとうにすごいですよね。

恋愛運や結婚運、出産運を高めたい人は、もし知り合いで妊婦さんがいたらお願いして、お腹にそっと手で触れさせてもらったり、ハグさせてもらったりするといいでしょう。

恋愛や夫婦仲の場合は、相手があるので改善が難しいケースもありますが、自分が変わっていくことで、いい方向に向かっている人を私はたくさん見ています。

みなさん、がんばっていきましょう！

# クリアなオーラを導く〝引き寄せの方法〟

## ▼感謝の気持ちを意識しよう

私は大勢の人を見てきたのでわかりますが、

「どうせ私は、負け組だからね」

「あの人の、ああいうところがイヤよね」

「こんなつまらないこと、なんでやらなきゃいけないんだろう」

と、**常に不満や愚痴を言っている人は、オーラがどんどん悪いもので濁っていきます。**


そんなことでは、自分の人生にダメージを与えるだけで、人との出会いや幸せを引き寄せられなくなって、前には決して進めません。

だから、昔から言われていることだけれど、やっぱり感謝。

**常に感謝の気持ちを忘れない人に、オーラが濁っている人はほとんどいません。**

私は、人はもちろん、毎日お世話になっている自分の部屋、モノ、動物、植物、自分が描いた絵たちにも、「ありがとう!」と、言葉をかけています。

時と場所によっては、心の中ででもいいのです。**感謝の気持ちを意識して、**

「喫茶店で、おいしいコーヒーを出してくれたマスター、ありがとう!」

「今日初めて出会えた○○さん、ありがとう!」

「ここまで連れてきてくれた、バスの運転手さん、ありがとう!」

と、**言葉であらわす習慣をつけましょう。**

不思議なほど、毎日が変わっていきますよ。

## ▼笑顔はオーラをクリアにする最高の武器

拙著『龍スイッチはじめよう』でもお話しましたが、オーラをクリアにして前に進んでいくために必要なのは、どんなことがあっても笑顔でいること。

どんなに苦しい試練があってもくじけずに、「これでもかっ!」というぐらいの**満面の笑みでいれば、濁りそうになったオーラもクリアになって、自然とまわりにも人が集まってくる**のです。

そう信じて、いつもニコニコ笑顔でいましょう。

これは先の感謝とともに、私が子どものころから実践してきたこと。

**感謝と笑顔は、実はオーラをクリアにして、前向きで幸せな人生を送るための、最強の〝引き寄せの方法〟なのです。**

## ▼人のことを大事に思って行動しよう

これも、いいオーラを引き寄せるためには、とても大事なこと。

というのも私は、この世にはやはり、因果応報があると思っています。大勢の人たちを見てきているのでわかりますが、**悪口を言ったり、人にダメージを与えようとしたりしている人には、結果的に、悪いものが返ってきてしまう**んですね。

だとしたら、**自分のためにも、人のことを大事に思って、自分から行動する。そうすれば、自分にもいいサイクルが巡ってきて、幸せを感じられるようになるのが、この世の摂理**だと思うのです。

大げさなことじゃなくていいんです。街を歩いていて、困った人がいたら、迷わず手を差し伸べる。そんな小さなことでいいのです。心から行動していくことで、人との出会いも広がり、知らないうちに自分のステージが上がっていきますよ！

## イヤなことがあったらネガティブノート

私は、日常の中で何かイヤなことがあったときには、いつもそれをノートに書いて浄化しています。

ノートの名前は、まさしく**〝ネガティブノート〟**。

以前、私が会社勤めをしていたとき、同僚に**濁ったオーラ（マーブルオーラ）の人**がいたんですね。その人は、自分の利益を得るためだったら、まわりの人を傷つけることさえ平気で、社内のある人のことを、どうやったら悪い方向に行かせられるかを考えるような人だったんです。

そういう人は、やはりただならぬ悪いものを持っていて、オーラが見えない人でも、なんとなく感じでわかると思います。**パワハラ、モラハラの上司と同様、そういう人とかかわっていると、自分のオーラまでマイナスに転じてしまいます。**

私はそのことがわかったので、その人と付き合うのを一切やめましたが、当時は相当なストレスを受けたことは確かです。

私がそうしたストレスを浄化するためにやっているのは、帰宅するたびに、例えば、「今日は○○さんからあんなことをされた。こういうところが許せなかった」と、ネガティブノートに書くこと。

そのように**イヤなこと、怒りを感じたことなどを書いていると、不思議と思考が客観的になって、スッキリしてくるんですね。ある程度イヤな気分が解消したら、あとはネガティブノートを破って、ゴミ箱にポイッと捨てれば、全ておしまい。**

みなさんも、イヤなことを明日に持ち越さないように、ネガティブノートに全部はきだして、濁りそうになったオーラをスッキリさせましょう。

## 自分をプロテクトする習慣を持とう

以前、私はこんな質問を受けたことがあります。

「私はその場の影響を受けやすく、まわりの人が悪口を言っていると、自分のことじゃなくても、疲れてしまうんです。どうしたらいいでしょうか？」

みなさんの中にも、同じような経験をしている人がたくさんいると思います。

前項で述べたことと一緒で、まわりに濁った悪いオーラの人がいると、その影響を受けてしまって、自分自身もストレスを感じてしまいますよね。

そんなときは、前項で紹介した**ネガティブノート**のほかに、自分をプロテクトするために効果的な、次の三つの方法があります。

**①自分から笑いの場面をつくって、その場の空気を変える。**
**②悪口を言う人がいても、「私とは違う世界の人だ」と思う。**
**③天然塩や水晶を持つ。**

①は、私がいつもやっている改善策。場の空気が悪いオーラに包まれて、なんだかいやーな雰囲気のときは、例えば、自分から急にスッテーンと転ぶ、なんていうことをして、**あえて、笑いをとります**（普通に冗談を言ってもいいんですけどね。笑）。
それでみんなの顔が笑顔になれば、場のオーラもいいものに変わります。

②は、プロテクトとしては基本形。とにかく場の悪い雰囲気にのみ込まれないことです。例えば、人の悪口を言ったり、いじめをしたりするような人がいても、
「私は、あの人とは違うんだ！」

と強く思って、**決して同化しないこと。自分を守れるか守れないかは、みなさんの意志の持ち方次第**なんです。

③は、私の祖母が、

「麻里ちゃん、これはやっておかなきゃ、いけんよ」

と教えてくれたこと。祖母は沖縄にいるユタのような人で、小さいころからオーラが見えていた私に、悪いものからプロテクトする方法をたくさん伝授してくれました。

その中から、みなさんが気軽にできる方法を紹介すると――。

塩や水晶は悪いものを浄化するので、昔から、常に身につけていると効果があると言われています。お葬式のときにも、浄化するために、お清めの塩を使いますよね。

塩は100%海水でつくられた精製されていない**天然塩――神社に置いてあるところがありますね。ネットなどでも売られています――を小さな袋に入れて、持ち歩きます。**

水晶に関しては、**私はパワーの強い黒水晶を意識して使っています。**ちょっと大きめのものを1個、家に置いて、あとはアクセサリーとして――素敵なものを出しているお店もあります――自分に合うものを身につけるといいでしょう。

「今日は大変な日だ」というときや、どうしても合わない人と一緒にいなくてはならないときなどは、特にお守りとして身につけるといいですね。

## オーラをもっと感じよう

オーラで自分の個性がわかったら、次はオーラをもっと感じられるように、感性を研ぎ澄ませましょう。そのためには、毎日使っているデジタル機器を封印すること。

**できれば週に一度、それが難しければ1カ月に一度は、スマホやPCなどから離れて、自然の豊かな場所で過ごしましょう。**

自然の中、あるいはCDで、**たき火の音や川のせせらぎを聞きながら、瞑想する時間を持つ**のもいいですね。

そうしたトレーニングを繰り返し続けていくことで、デジタル漬けで鈍っていた感性が蘇り、オーラをどんどん感じられるようになっていきますよ！

# PART 4

## オーラ人間関係レッスン

### ——あの人との関係にオーラを生かそう

# オーラで人間関係を見てみよう

「職場の上司と、どうしてもうまく行かないんです」

「パートナーとの関係が悪くなってしまったんですが……」

「まわりの人と仲良くなりたいんですが、どうすればいいですか?」

私のところに相談に来られる方の中で一番多かったのは、やはり、こうした人間関係の悩み。みんな、違う形や色のオーラを持っているのですから、対応がわからなかったり、関係がうまく行かなかったりすることは、当然ありますよね。


この章では、そうしたみなさんのために、私が長年、たくさんの人のオーラの色を観察し蓄積してきた、人間関係のノウハウを紹介します。14色の色別に、

・**仕事編：上司、部下**
・**恋愛編：パートナー（夫も含む）**
・**友だち編：友だち**
・**子育て編：自分の子ども**

の四つに分けて、それぞれの相手の特徴（恋愛の場合はその傾向）と、よりよい対応方法をレクチャーしていきます。

まずはそのためにも、**PART2のオーラ診断チェックシート**で、ゲームのように楽しみながら、あなたの身近な人にチェックしてもらいましょう。それが難しい場合は、あなた自身が相手をよーく観察した上でチェックしてみれば、相手の色の大体の傾向がわかり、対応のヒントもつかめると思います！

章末に、**オーラの相性**についても紹介しています。そちらも合わせて、参考にしてくださいね。

# 赤のオーラ

## 仕事編

### 上司が赤のオーラだったら？

**【特徴】**

赤いオーラの上司は、アイデアマンで行動派。例えばプロジェクトなどの仕事をスタートさせるのは得意ですが、それを具体的に形にしていくのは苦手です。細かい仕事も不得手ですね。

また、仕事を進めていても、どこか詰めの甘いところがあるので、近くに着実に遂行してくれる部下が必要です。

【対応】

赤いオーラの上司は、一度「こうだ！」と言い始めたら、誰がどんなに反対しても言うことを聞かないので、ほとぼりがさめるまで放っておきましょう。

また、怒り始めたら止まらないので、上司が落ち着くまで待ちましょう。

## 部下が赤のオーラだったら？

【特徴】

「自分の限界に向けて挑戦したい！」という思いが強い。また、人に「認められたい」と常に思っています。上司とぶつかって、いずれ独立する人が多いですね。

【対応】

とにかく、どんどんチャレンジできる機会を与えましょう。

また、孤立しているイメージが強いので、失敗を踏まえた上で、がんばっている姿や成果などを褒めてあげることが大事です。

## 恋愛編

### パートナーが赤のオーラだったら？

**【恋愛傾向】**

情熱的で、熱しやすく冷めやすい。まわりにもすぐにバレてしまうぐらい、わかりやすい恋愛をする人です。結婚よりも、まずは恋愛を考えるタイプですね。

**【対応】**

一度決めたら、誰の話にも聞く耳を持たない頑固な人で、常に自分が一番だと思っているので、赤いオーラの性格に合わせられる人でないと、長く付き合えません。結婚しても、浮気に走っていく可能性が大きいですね。

赤いオーラ同士は、最初は惹かれ合いますが、互いに自分の意思を貫くタイプなので妥協できず、8割方は別れているようです。

ずっと一緒にいたければ、赤いパートナーのやっていることには目をつぶり、「私は私」と、自分を持つことが大事。

## 友だち編

### 友だちが赤のオーラだったら？

**【特徴】**

赤いオーラの友だちは、何をするのでも、まずは一人でどんどん行動します。でも、それが行きすぎて、どうしようもなくなって失敗していることも。

【対応】


応援してあげるのでもいいのですが、とにかく行動を止めるのではなく、

「少し落ち着いて、よく考えてみようよ！」

「あなたの言うことはわかった。でも、体には気をつけてね」

と、時には冷静なアドバイスをしてあげましょう。

## 子育て編

### 自分の子どもが赤のオーラだったら？

【特徴】


赤いオーラの子どもは、小さいときから、好きなことには興味を持ってどんどんやっていきます。でも、不得意なことにはそっぽを向きがち。

親の目から見ても、強みと弱みがはっきりしています。

**【対応】**

ほかの子と同じにしようと、子どもの弱みを平均点に底上げしようとするよりも、好きなことに向かっていく気持ちを伸ばしてあげましょう。

子どもが不得意なことに関しては、

「得意じゃないんだったら、やらなくてもいいからね」

と言ってあげるぐらいが、ちょうどいいかもしれません。

# 青のオーラ

## 仕事編

### 上司が青のオーラだったら？

**【特徴】**

理屈っぽくて、左脳的。いつも冷静なので、一見冷たい印象を受けるかもしれません。非生産的なことが嫌いで、自分のやり方と違うと、

「それ、ムダじゃない？」

と、冷静に言い放ちがち。

**【対応】**

とにかく感情論で根拠のないことを言っても、

「ごめん。それ、あとでね」

と、跳ね返されるだけ。何かを提案する際は、納得してもらえるように、

「あの人はこう返してくるだろうから、こう言おう」

と、事前に論理を組み立ててからにしましょう。

## 部下が青いオーラだったら？

**【特徴】**

理屈が通っていれば、どんな指示を出しても、納得して結果を出します。何もない0から1を創造するよりも、既存の1を10にしていくことが得意。


**【対応】**

この部下への指示は、明確かつ的確に伝えることが大事。例えば、仕事上の提案に

ついても、
「君の提案はこの点はすばらしいが、この点は改善が必要だな。なぜなら……」
と、論理的にわかりやすく説明すれば、納得します。

## 恋愛編

### パートナーが青のオーラだったら？

**【恋愛傾向】**

秘めた恋が多く、すぐには恋に落ちません。でも、一度恋をすると、長続きする人。結婚も、感情に流されることなく、冷静に判断して決めます。

愛情を大事に育ててくれるので、パートナーとしては、とてもいい相手です。

**【対応】**

青のオーラの人は、仕事でも重要なポジションについて、人知れずがんばっている人が多いので、プライベートではそれをサポートして、心身ともに労をねぎらってあげることが大事です。

誰とでも上手に付き合っていけるタイプですが、表情がわかりにくく、とっつきにくいところもあるので、パートナーとしては、優しく立ててあげましょう。

## 友だち編

## 友だちが青のオーラだったら？

**【特徴】**

青のオーラの友だちは、勢いで盛り上がりがちなグループの中で、常に冷静な意見を言ってくれるので、一人いてくれると、とてもありがたい存在。

でも、テンションが低めで、ノリの悪い印象はありますね。

【対応】

テンションが低いのは、青の人にありがちな性格――そう思って、ノリを期待するのはやめておきましょう。

青の人とは、アドバイスを受け入れてあげると信頼関係が生まれるので、一度試してみるといいかもしれませんね。

―― 子育て編 ――

## 自分の子どもが青のオーラだったら？

【特徴】

小さいころから自立心の強い子が多く、8歳ぐらいになると、自分なりのルールを持つようになります。

**【対応】**

子どもが何かをしているとき、例えば、

「早く宿題をしちゃいなさい！」

と注意すると、子どもがワーッと泣き叫んだり、怒ったりすることがありますよね？

それは、子ども自身が、

「これを済ませてからやろう」

と決めているのに、それをやる前に親から言われてしまうことで、心が折れてしまうから。特に青の子どもは、自分のペースを持っているので、そういうときは、あまり口出しをせず、意思を尊重してあげましょう。

# 黄色のオーラ

## 仕事編

### 上司が黄色のオーラだったら？

**【特徴】**

「人を楽しませたい」という思いがとても強い、チャーミングな三枚目キャラ。気まずい雰囲気やネガティブな人が大の苦手です。

**【対応】**

黄色の上司は、常に場を盛り上げようとしてくれているので、たとえヘンなダジャレを言ったときでも、付き合って笑ってあげましょう。

また、悪口や愚痴をシャットアウトする傾向があるので、仕事をうまく運ぶ意味でも、このタイプの上司の前では、ネガティブな発言をしないことですね。

## 部下が黄色のオーラだったら？

**【特徴】**

お調子者で、ムードメーカー。仕事では集中力が散漫で、ミスをしがち。あまり細かい仕事には向いていないようですね。

**【対応】**

「あなたがいると、職場の雰囲気が明るくなって、ほんとに助かるわ」と言葉をかけてあげると、ちょっと調子に乗りながらも、進んで仕事をしてくれます。

明るくて、場を盛り上げることが上手なので、人とかかわる営業などの仕事に向いています。

## 恋愛編

### パートナーが黄色のオーラだったら?

**【恋愛傾向】**

女性の場合は、好きな人を目の前にしていても、どうしても三枚目キャラになってしまうので、片思いに終わりやすい。友だちのサポートばかりして、自分の恋愛は置き去り、ということも多いようです。

一方、男性はモテる人が多い。その反面、移り気で浮気性の人もいるようです。

**【対応】**

パートナーがいつも笑顔でいてくれるのが幸せな人なので、一緒に笑ってあげましょう。笑顔と家族が大事な人です。

ただ、一人で問題を抱えて悩んでしまうところがあるので、そばにいる者としては、常にケアしてあげる必要がありますね。

## 友だち編

### 友だちが黄色のオーラだったら？

**【特徴】**

いつも明るく、飲み会、合コン、女子会では盛り上げ役として欠かせない存在。でも実は、人一倍、人に言われたことや態度を気にするタイプです。

**【対応】**

あなたが親友であれば、

「いつも明るくしているけど、無理してない？」

「何か困っていない？」

と声をかけて、黄色の友だちの繊細さをケアしてあげるといいですね。


―― 子育て編 ――

## 自分の子どもが黄色のオーラだったら？

【特徴】

黄色のオーラの子どもは、結構たくさんいます。ただ、黄色は、子どものときは天性として持っていても、大人になると消えていくことがほとんどです。

友だちの前ではいつも明るく、人を笑わせるタイプ。学校でも、クラスの人気者であることが多いですね。


【対応】

黄色の子どもによく見られるケースなのですが、〝明るい子〟というイメージとは裏腹に、悩みがあっても誰にも相談できず、一人で抱え込んでしまう傾向があるようです。

お父さん、お母さんは、

「どう？　調子は」

と、毎日さりげなく、子どもの様子を気にかけてあげましょう。

ただ、一人で悩みを抱えてしまう傾向は、大人になると、黄色のオーラとともに消えていくことがほとんどのようですね。

# ピンクのオーラ

## 仕事編

### 上司がピンクのオーラだったら？

**【特徴】**

男女問わず、同僚からも部下からも愛される人です。でも、優しすぎてビシッと言えないところが、上司としてはちょっと頼りない感じ。

アットホームな雰囲気が大切な人なので、会社は家族経営が向いていますね。

**【対応】**

「○○さんのおかげで、助かりました！　ありがとうございます」

と伝えると、倍返しでいろいろとやってくれる人なので、常に感謝の言葉を忘れずにいましょう。

## 部下がピンクのオーラだったら？

**【特徴】**

寂しがり屋で、職場でも人と競争するのがあまり好きではありません。

仕事でも、「私ができるのは、これだ！」と思えれば、そこに邁進していきます。


**【対応】**

ほかの人とは競わなくてもいいように、のびのびと楽しく働いてもらいましょう。

「元気？」

「大丈夫？」

「疲れていない？」

と声をかけたり、仕事の結果もきちんと褒めたりと、愛情を持って接すると、喜んで仕事をしてくれます。

## 恋愛編

### パートナーがピンクのオーラだったら？

**【恋愛傾向】**

可愛くて、放っておけない人。男女問わずモテます。

異性が喜ぶツボを知っていて、万人受け。駆け引きが、自然にできるんですね。

私が見たところ、例えばＡｍａｚｏｎが配信している婚活サバイバル番組『バチェラー・ジャパン』でも、最終的に恋人として選ばれるのは、全部ピンクのオーラの人でした。

**【対応】**

恋愛や夫婦間では、常に「愛されている」状況が必要な人。多少大げさでも構わないので、言葉でも態度でも、毎日何かしらの愛情表現をしてあげましょう。

また、性格に裏表がなく、ピュアな人が多いため、パートナーに一度裏切られると、トラウマになってしまうので要注意。傷つけないように、気をつけましょう。

## 友だち編

### 友だちがピンクのオーラだったら？

**【特徴】**

ピュアなピンクの友だちは、誰からも好かれる、可愛らしい人。

人を疑うことを知らず、相手にも分け隔てしないので、人にだまされやすいところがあります。また、まわりにも流されやすいですね。

【対応】

いつも危なっかしい感じがあるので、何かありそうなときは、友だちとして注意してあげましょう。特に恋愛に関しては、

「だからさ、その恋愛、やめたら？」

と、たまには厳しくビシッと言ってあげることも大切ですね。

## 子育て編

## 自分の子どもがピンクのオーラだったら？

【特徴】

ＰＡＲＴ１でも述べたように、子どもはほとんどがピンクのオーラで、10歳前後でそれぞれの色が出てきます。そのうち6割ぐらいの子どもは、高校生ぐらいまではピ

ンクのオーラです。

でも、その時期を過ぎても、そのままピンクのオーラの場合は、とてもピュアで優しい性格の子です。

**【対応】**

繊細なガラスのようなハートを持っていて、ほかの子どもと競い合うことが大の苦手なので、本人が好きなことを、大らかに、楽しくできるようにしてあげましょう。

# オレンジのオーラ

―― 仕事編 ――

## 上司がオレンジのオーラだったら？

**【特徴】**

コミュニケーション能力が高く、放っておいても部下の才能を見つけて伸ばしてくれるので、上司がオレンジの人は、とてもラッキーです。

ただ、調子がいいところがあるので、意見がコロコロと変わり、まわりをヤキモキさせるのが難点。

また、複数の仕事をとても器用に動かしていくのは得意ですが、コツコツと継続していくのは苦手です。

**【対応】**

上司の苦手なところを補って、どんどん継続して仕事を進めていけば、とてもいいチームになること間違いなし！

## 部下がオレンジのオーラだったら？

**【特徴】**

コミュニケーション能力が高く、いろいろなことを器用にしますが、一つのことを突き詰めていく専門家タイプではありません。

**【対応】**

一つのことをさせるよりも、バランスよく、いろんなことをさせてあげましょう。

また、本人は、

「私には、突出したものがない」

と悩みがちなので、
「あなたには、なんでもこなせるマルチな才能があるよね」
と、褒めてあげましょう。

## 恋愛編

## パートナーがオレンジのオーラだったら？

**【恋愛傾向】**

人とのコミュニケーションに長けているので、誰からも「いい恋人」「いい妻（夫）」と思われ、とてもモテます。

友だちから恋愛に発展することも多いですね。

独身時代は楽しい恋愛をしますが、結婚に関しては、相手を条件で選ぶなど、堅実な面があります。

【対応】

誰とでも上手に付き合える反面、誘いを受けたら断るのが苦手なので、浮気や不倫に発展する可能性大。

友だちや知り合いに紹介するときは、相手に取られてしまわないように、少々気をつけたいタイプでもありますね。

## 友だち編

### 友だちがオレンジのオーラだったら？

【特徴】

オレンジのオーラの友だちの最大の問題点は、空気を読みすぎてストレスをためやすいところ。

また、誰とでも上手に楽しく付き合えても、オンとオフはきっちり分けたいと思っている人が多いですね。

**【対応】**

友だちの様子を見て、ストレスがたまっているな、と思ったら、「最近どう？　何か問題ない？」と、時には愚痴を聞いて、リフレッシュさせてあげましょう。

プライベートを邪魔されるとイヤがるタイプなので、そこは、こちらからあまり踏み込まないようにすることですね。

## ―子育て編―

## 自分の子どもがオレンジのオーラだったら？

**【特徴】**

クラスの学級委員長、学校の会長、副会長などになる子どもが多い。なんでもそつなくできて、誰とでも仲良くなれるので、子どものころはまわりから尊重されます。でも、なんでも器用にできすぎるせいで、大人になるにつれて自分でも進路がわからなくなり、悩む傾向があります。

**【対応】**

子どもが一人で悩むことがないように、常に将来のことを親子で話し合う機会をつくって、

「大人になったら、何がしたいの?」

「どんなことでも、聴いてあげるからね」

と、気軽に相談に乗るようにしてあげましょう。

# 緑のオーラ

## 仕事編

### 上司が緑のオーラだったら？

【特徴】

真面目で、慎重かつ堅実。ミスが少なく、仕事をきちんとするので、誰からも信頼されます。

ただ、コツコツと仕事を継続するのは得意でも、新しいことにチャレンジしたり、革新的なことをしたりするのは苦手。少し前の組織人としては、よくいたタイプですが、今の新しいものをどんどん生み出していく時代の中では、ちょっと辛い立場かもしれません。

**【対応】**

「〇〇すべき」という強い固定観念があるので、それを頭ごなしに批判すると、ものすごく嫌われます。そこをどこまで我慢できるかが、部下としては肝心。

また、この上司はルールや約束を守らない人が嫌いなので、要注意です。

## 部下が緑のオーラだったら？

**【特徴】**

日本人に多いタイプで、礼儀正しく、約束をきちんと守る真面目な部下です。

また、仕事も得意で、丁寧にやってくれます。


**【対応】**

慎重すぎて、なかなか行動しないところがあるので、少しずつ、小っちゃく、小っちゃくでいいので、チャレンジする機会を与えてあげましょう。

## 恋愛編

### パートナーが緑のオーラだったら？

**【恋愛傾向】**

恋愛、結婚ともに堅実です。

また、交際当初から結婚を意識しすぎるため、相手から「重い」と思われることも。

相手を束縛してしまう人が結構多いですね。

**【対応】**

何事にもパーフェクトを目指す人なので、女性の場合は、家庭を大事にして、良妻賢母になる人が多いのですが、パートナーや子どもにとっては、

「〇〇しなくちゃいけない」

「これはいいけど、あれはダメ」というルールが多すぎて、苦しい立場になりがち。

そばにいる者としては、言うことを適度に聞きながらも、それをうまくかわすようにできるといいですね。

男性は、ギャンブルや浮気をしない真面目なパートナーなので、一緒にいる人にとっては安心です。でも、ちょっとつまらないかも。

## 友だち編

### 友だちが緑のオーラだったら？

【特徴】

何事に対しても慎重に、真面目に考えるので、なかなか行動できないところがあります。

【対応】

もし緑のオーラの友だちが、

「やりたいことがあるんだけど、自信がなくて、できないんだよね」

と言っていたら、背中を少しずつ押してあげましょう。

## 子育て編

## 自分の子どもが緑のオーラだったら？

【特徴】

小さいころから、親に、

「男の子なんだから、〇〇しなさい」

「女の子なんだから、こうしなきゃいけない」

「あなたは、〇〇しなきゃいけないのよ」

と言われ続けていたことに縛られている子どもが多いですね。


**【対応】**


子どもが固定観念に縛られず、より自由な発想ができるように、

「この社会にはいろんな選択肢があって、それを自分の好きなように、自由に選んでいっていいんだよ」

ということを、小さいときからきちんと伝えていきましょう。

# 黄緑のオーラ

## 仕事編

### 上司が黄緑のオーラだったら？

**【特徴】**

革命家のように、独自の発想と行動力を持っている面白い人。自分の個性や世界観に対するプライドがあります。

また、カリスマ的な魅力があるので、この上司のもとには、部下が憧れ、尊敬して集まってきます。

**【対応】**

上司の世界観を褒めると、とても喜びますが、逆にその個性を否定すると、ひどく傷つくので、気をつけたいですね。

自由すぎる上司なので、困惑することも多いのですが、「この人は、宇宙人だから、しょうがない」と思って諦めましょう。

あまり考えすぎないほうが、楽ですよ。

## 部下が黄緑のオーラだったら？

【特徴】

個性が強く、自由で革新的なアイデアにあふれています。企業などの組織よりも、フリーランスのほうが、真の実力を発揮できるタイプ。

【対応】

革新的なプロジェクトや新規事業などに参加させて、部下の自由な個性を存分に伸ばしてあげましょう。

デザイナーなどのクリエイティブ職に向いているので、その関連の部署に配属すると能力を発揮します。

## 恋愛編

## パートナーが黄緑のオーラだったら?

【恋愛傾向】

恋愛に関しては、思い込みが激しく、一度はまると一人で突っ走ってしまうところがあるので、ドラマチックな展開になりがち。

永遠の自由人なので、日本の伝統的な、いわゆる「ザ・結婚」と言いたくなるような形式には、あまり向いていないでしょう。

**【対応】**

誰にも譲れない、自分だけの世界観がある人なので、それに合わせられる人、あるいは、ある程度距離をとって、

「1年間、家に帰ってこなくてもいいよ」

と言えるぐらいの覚悟を持った人でないと、うまく行かないでしょう。

有名人を例にあげると、黄緑のオーラを持っていたミュージシャンの**内田裕也さん**と、紫のオーラだった女優の**樹木希林さん**夫婦を思い浮かべてもらえると、よくわかりますよね。

## 友だち編

### 友だちが黄緑のオーラだったら？

**【特徴】**

空気を読まず、爆弾発言をして人を驚かせることがよくあります。
ただ、普通の人が考えないような独創的な発想をするので、一緒にいて面白い人。

**【対応】**

黄緑のオーラの友だちに関しては、常識的な考えにとらわれずに、
「だから、この子は面白い！」
という気持ちで見てあげれば、なんでも許せますよね。

子育て編

## 自分の子どもが黄緑のオーラだったら？

**【特徴】**

黄緑色のオーラの子どもはあまりいませんが、女優でフィギュアスケート選手の**本田望結さん**は、黄緑です。天才的な才能を持つ子が多いですね。

**【対応】**

基本的に親の言うことは聞かないので、口うるさく言ってもムダと思いましょう。間違った方向に進んでしまいそうなときだけ、正すようにしてあげてください。

# 紫のオーラ

## 仕事編

### 上司が紫のオーラだったら？

**【特徴】**

上司がこの色だったら、ラッキー！　人から頼られることを本能として受け入れられる人なので、上司としては最適。部下が困っていたら、必ず助けてくれます。

**【対応】**

とにかく、どんどん頼りましょう。

ただし、礼儀や上下関係を大事にする人なので、あまりにも馴れ馴れしい態度をとるのは、御法度。ニコニコ笑顔のまま、突然、バサッとシャットアウトされます。

また、紫の上司に対しては、敬う態度を示すこと。定期的に、尊敬や感謝の気持ちを伝えましょう。

## 部下が紫のオーラだったら？

**【特徴】**

テキパキと効率的になんでもできるタイプ。でも、人に頼まれたら、「わかりました。それ、やっておきまーす」と、仕事をどんどん抱え込んでしまう傾向があるので、体を壊す人も多いですね。


**【対応】**

効率よく、責任を持ってこなせるので、いろんな仕事を任せましょう。また、「自分は上司から信頼されている」

と思うことが自信につながり成長していくタイプなので、上司としては、信頼感を言葉にして伝えていきましょう。

体を壊しやすいので、ハードワークにならないように注意してあげてください。

## 恋愛編

## パートナーが紫のオーラだったら？

**【恋愛傾向】**

何事に関しても、〝尊敬〟がポイントになる人。恋愛も、人を尊敬する気持ちから始まることが多いです。

紫の人は精神年齢が高いので、年の離れた相手と付き合うケースがよくあります。

元ドリフターズの**加藤茶さん**も紫ですが、年の差のある方と結婚しましたよね。

【対応】

紫のパートナーは包容力があり、頼れる存在ですが、あまりに甘えすぎて負担をかけてしまうと、突然「さよなら」を言われることも。

「この人に対しては、ここまでは言っていいけれど、ここから先は言ってはいけない」ということを、いつも意識しておく必要がありますね。

また、常日頃から、感謝の気持ちと「ありがとう」の言葉を忘れずにいましょう。

## 友だち編

### 友だちが紫のオーラだったら？

【特徴】

親身になって相談に乗ってくれるので、相談相手としては最高の友だち。自分のことはさておき、人からの相談ばかり受けている人です。

【対応】

不誠実な行いや、礼儀のなっていない行動をすると、一生嫌われてしまうので、要注意。

相手が友人であっても、そのようなことがあると、何も言わずに静かに去っていきます。

## 子育て編

## 自分の子どもが紫のオーラだったら?

【特徴】

大人びた子どもが多いですね。今、自分はどういうふうに振る舞えばいいかと、空気を読む子どもです。

子役の俳優には紫のオーラの子どもがよく見られますが、**芦田愛菜**さんはあの年にしては珍しい真紫。子役のときはピンクだったのが、あっという間に真紫になっていました。空気を読みながら、無理なく生きていける天性の人です。

**【対応】**

せめて、子どもらしくいられる家庭の中だけでも、無邪気に暮らせるように、環境を整えてあげましょう。

空気を読んでしまうので、子どもの前では、夫婦喧嘩はしないほうがいいですね。

# ラベンダーのオーラ

## 仕事編

### 上司がラベンダーのオーラだったら？

**【特徴】**

癒し系で、面倒見がよく、優しい上司です。職場では、赤の上司にワーッと怒られた人を、「よしよし」と言って慰めてくれるラベンダーの上司がいると、バランスがとれます。

一つひとつの仕事を、大事にコツコツとやってくれるタイプで、信頼できる人。

**【対応】**

感謝されると、それがエネルギーになってヤル気を出してくれるので、常に感謝の言葉を伝えましょう。

また、自分のペースで仕事をしたい人なので、急かされたり、ペースを乱されたりすると、不快になります。その点は、部下としては気をつけたいですね。

## 部下がラベンダーのオーラだったら？

【特徴】

スピードを求められることが嫌いなので、急ぎの仕事には向いていません。焦らされたり、締め切りに追われたりすると、パニックになることも。

好き嫌いが明確で、好きな仕事であれば相当がんばってやってくれます。

また、出世欲がなく、競い合って仕事をするのが苦手です。

【対応】

人と競い合わないラベンダーの部下のペースでできる仕事を、任せましょう。

また、好きではないことをさせると効率が悪いので、

「これはこの子に向いているな」

と思える仕事を見極めてやってもらうといいですね。

## 恋愛編

## パートナーがラベンダーのオーラだったら？

【恋愛傾向】

ラベンダーの人のまわりには、癒やしを求めて、異性が集まってきます。

でも、本人は恋愛には奥手で慎重派。

相手のことをよく知りたいと思って、ゆっくり時間をかけているうちに、相手がほ

かの人のところに行ってしまった、というケースもあるようですね。

自分からデートに誘うこともあまりないので、まわりが力を貸さないと、恋愛はうまく行きません。


**【対応】**


一人の時間が絶対に必要な人なので、時には一人にさせてあげましょう。

また、自分のペースが乱れることを最も嫌うので、何をするにも、本人のやることを邪魔しないように気をつけましょう。

ラベンダーのパートナーに対するイライラは禁物。取り扱い注意、ですね。

## 友だち編

### 友だちがラベンダーのオーラだったら？

**【特徴】**

癒し系で、いつもニコニコ笑顔で人の話を聞いてくれるので、男女ともに好かれます。でも、実はとてもしっかり者で、頼りになります。

**【対応】**

一緒にいて、とても気持ちがいい人である反面、自分のペースを頑なに守る人なので、そこは絶対に大事にしてあげましょう。

子育て編

## 自分の子どもがラベンダーのオーラだったら？

【特徴】

大人からは、内気で、人見知りをするシャイな子に見えます。でも本人は、おとなしくしているつもりはまったくなく、空想好きで、一人が好き、という子が多いですね。

【対応】

褒めて伸びるタイプなので、

「あれをしなさい、これをしなさい」

と急かさないことが大事。どんどん褒めて、すくすく育てましょう。

# レモンイエローのオーラ

仕事編

## 上司がレモンイエローのオーラだったら?

【特徴】

職場でも、老若男女に好かれる爽やかな人。どんな人にも同じ対応ができるので、「あの人は、いい人だよね」と、言われる人です。

個性は薄めだけれど、縁の下の力持ち的な職場の名脇役タイプ。レモンイエローの上司がいると、仕事がうまくまわり、チームの雰囲気がよくなります。

【対応】

この色のオーラの上司は、

「自分は個性がない」

と思っているところがあるので、

「あなたがいるからこそ、この部署は成り立っているんです」

という言葉をかけてあげると、自信を持ってくれるようになります。

## 部下がレモンイエローのオーラだったら？

【特徴】


人当たりが柔らかく、みんなに好かれます。

ただ、臨機応変に対応するのが、実は苦手。また、性格が優しく、心が折れやすいところがあります。

チームのサポートをする仕事には、抜群の能力を発揮します。

【対応】

「ここがゴールだから、ここをこうやって、完璧にやってほしい」

と、事細かに指示して明確に道をつくってあげると、きちんと仕事をしてくれます。

ただ、

「もっとガツガツ仕事をしなさいよ」

「もっと前に出て仕事をしなさい」

というようなことを言われるのが嫌いなので、言葉選びは慎重に。

チームの中でも、みんなのために陰できちんと努力をしている人なので、上司としては、そのがんばりを認めてあげてほしいですね。

―― 恋愛編 ――

## パートナーがレモンイエローのオーラだったら?

**【恋愛傾向】**

自分の気持ちを表現するのが、実はすごく苦手。

たとえ仕事ができる人でも、恋愛となると、臆病になる傾向があります。自分から社交的な場に出るのは不得手なので、ＳＮＳなどのお見合いや人の紹介で恋愛が始まるパターンが多いようです。ダメンズ（ダメジョ）を好きになりやすい傾向も。

**【対応】**

たとえ一緒に住んでいても、自分の本音を言わないところがあるので、安心して自分の気持ちを話せるような関係をつくってあげましょう。

何も言わずに、なんでもやってくれる人なので、

「あの人は、いい人だから、私のしてほしいことはなんでもやってくれる」

と甘えたまま、何もケアしてあげないでいると、心が病んでしまうこともあるので、気をつけましょう。

## 友だち編

### 友だちがレモンイエローのオーラだったら？

【特徴】

人には好かれるが、どこかつかみどころがなく、限られた人にしか心を開かない。

苦手と思う人とは戦わず、その場から、静かにフェードアウトしていきます。

【対応】

本音をなかなか言わないので、それを聞き出してあげる親友がとても大事です。

本人がイヤな場面に出くわして、その場からいなくなっても、友だちならば連れ戻したりせずに、そのまま放っておいてあげましょう。

子育て編

## 自分の子どもがレモンイエローだったら？

**【特徴】**

子どものオーラとしては、レモンイエローは、ピンクに次いで多い色。
とても優しい性格なので、イヤなこともイヤと言えず、傷つく子どもが多いです。

**【対応】**

子どもが、自分の気持ちや主張をきちんと人に伝えられるように、「あなたの思っていることは、なんでも聴くからね」と、いつも子どもの言うことに耳を傾けてあげましょう。それを繰り返すことで、気持ちを伝えてくれるようになります。

# サーモンピンクのオーラ

仕事編

## 上司がサーモンピンクのオーラだったら？

**【特徴】**

フェロモンがムンムン漂っているので、どんなに普通のおじさんやおばさんでも、男女ともにとにかくモテます。なかには不倫関係に陥りやすい人も。

**【対応】**

美意識が高く、自らの容姿についても人一倍意識しているので、外見をわかりやすく褒めると喜びます。

このオーラの男性上司とは、特別な関係になってしまうと、仕事がうまく行かなくなってしまいがち。だから、とにかく「気がある」と誤解させないように、色っぽい格好は控えるなど、いつも以上にガードを固めにしましょう。

## 部下がサーモンピンクのオーラだったら？

**【特徴】**

サーモンピンクの女性は男性からモテるので、同性の同僚から嫉妬されて、嫌われることが多く、職場でも些細なトラブルが絶えません。

また、本人も群れることが苦手で、気まぐれ。動物にたとえると、猫ですね。

**【対応】**

正直、上司としては、少々扱いにくい部下です。集団行動を強制するのは、極力やめておいたほうがいいでしょう。

外見を褒めると喜びますが、ほかの人と比べられることを嫌うので、要注意。

## 恋愛編

### パートナーがサーモンピンクのオーラだったら?

**【恋愛傾向】**

ただそこにいるだけで、異性を惹きつけてしまう人。常に恋人がいて、いつも恋愛をしています。

**【対応】**

異性にモテるし、移り気で、どこかにフワッと飛んでいってしまいそうなタイプなので、こちらとしては、

「あの人が浮気をするのは、当たり前」

「私はそういう人を選んだのだから、仕方がない」と、諦めるしかありません。それがイヤなのなら、別れましょう。

## 友だち編

### 友だちがサーモンピンクのオーラだったら？

【特徴】

この色のオーラの人は、異性と一緒にいることに幸せを感じるタイプなので、同性の友だちは少ないですね。

彼氏（彼女）ができたら、友だちには一切連絡をしてこない人もいます。でも、恋愛が終わったら、猫みたいに友だちのところに戻ってきます。

【対応】

サーモンピンクの友だちの恋愛に関しては、本人が思ったことが全てなので、何も言わないことです。アドバイスをしても、シャットアウトされます。

恋人重視で、友だちにつれなくなっても、

「この人は、気まぐれな猫みたいな人」

と思って付き合いましょう。

子育て編

## 自分の子どもがサーモンピンクのオーラだったら?

【特徴】

サーモンピンクのオーラの子どもは、私はあまり見たことがありません。

ただ、この色の子どもは、人を惹きつけてしまいがち。また、恋愛に没頭してしまうタイプでもあります。

**【対応】**

人を惹きつけるということは、よくない人にとっては、「つい魔が差して、やってしまった」というような状況を引き起こしてしまいがち。

痴漢に遭ったり、誘拐されたりしてしまう危険があるので、親としては、注意が必要です。

恋愛に関しても、あまりに没頭しすぎて、本人の学業がおろそかになることがよくあるので、うるさく言って反発されない程度に、目を配る必要がありますね。

# 水色のオーラ

## 仕事編

### 上司が水色のオーラだったら?

【特徴】

とても繊細な心の持ち主で、優しく、人の心の痛みを感じられる人。

【対応】

部下から気をつかわれていると感じると、それ以上に気をつかってしまう人なので、とにかくそう感じさせないように、先回りしてケアしてあげることが大事です。

また、自分だけの世界観を持っている人が多いので、そこを、

「あなたのここが、すごいですよね」

と、ピンポイントで指摘すると、

「あ、この子はわかってくれているんだな」

と、モチベーションを上げて対応してくれるようになります。

逆に、その世界観を否定されると、プライドが傷つくので、要注意です。

## 部下が水色のオーラだったら？

**【特徴】**

芸術的な才能を持っている人が多い。ただ、自信がなく、不安も強い。

**【対応】**


才能を認めて、自由に伸ばしてあげましょう。

また、仕事の結果を具体的に褒めることで、自信を持たせてあげましょう。

ただ、ときどき、どこまで落ち込んでいくのかと思うぐらい、ネガティブモードになることがあるので、常に優しく見守りつつ、定期的に話を聞き、不安を取り除いて〝デトックス〟してあげることが大事です。

## 恋愛編

### パートナーが水色のオーラだったら？

**【恋愛傾向】**

一度恋愛をするとのめり込んでしまい、相手に振りまわされて心を壊してしまうこともあります。

女性の場合は特に、何かにとりつかれたようにメールを何通も送ってしまったり、GPSを彼氏につけたりするなど、異常な行為をしてしまう傾向も。

芸術肌で、とても魅力的ではありますが、非常に繊細なので、精神を病んでしまう人もいます。
結果的に、いい恋愛をしない傾向にありますね。

**【対応】**

水色は、とても魅力的なパートナーなのですが、その影響を受けて、こちらの思考もどんどんネガティブになり、エネルギーが下がっていかないようにすることが大切です。

「自分ができること」「できないこと」を明確にして、共倒れにならないように注意しましょう。

## 友だち編

### 友だちが水色のオーラだったら？

**【特徴】**

悩みが多いのにもかかわらず、自分からそれを言い出せない人です。

**【対応】**

この色の職場の部下の場合と同様、友だちについてのキーワードも、〃デトックス〃。

「いつもと様子が違うな」

と思ったら、こちらから声をかけてあげましょう。

## 子育て編

## 自分の子どもが水色のオーラだったら？

**【特徴】**

ペットを亡くした、おじいちゃん、おばあちゃんを亡くしたなど、悲しい体験をした子どもは、水色のオーラになることがよくあります。

**【対応】**

「死が終わりじゃないんだよ」

と声をかけて、悲しみを〝ポジティブ変換〟してあげましょう。

また、子どものトラウマやストレスをできるだけ早く取り除き、普通の子どもらしい日常に戻せるように、環境を整えてあげることも大切ですね。

# シルバーのオーラ

## 仕事編

### 上司がシルバーのオーラだったら？

**【特徴】**

一つの分野に能力が突出している場合が多く、職人肌。そんなシルバーの上司に憧れている人はたくさんいます。でも、チームワークづくりやマネジメントは苦手。

**【対応】**

頑固で自分の考えを曲げない傾向があるので、まわりからの評価も、大好きか大嫌いかの両極端に分かれがち。部下としては、多少合わないところがあっても、そういう上司だと思って、諦めて付き合っていきましょう。

また、

「この上司は、この分野ではすごい！」

と、リスペクトしてあげると、上司と部下の関係がよくなります。

## 部下がシルバーのオーラだったら？

**【特徴】**

上司の場合と同じく、一つの分野に抜きん出た才能を発揮します。ただ、不器用なので、マルチな仕事は苦手です。

人見知りなので、上司や同僚には、なかなか心を開きません。そのため、みんなから冷たい人物だと思われがち。

【対応】

できるだけ得意な分野の仕事に集中してやってもらうと、能力を発揮するようになります。

また、この色の部下は、自分からはコミュニケーションをとってこないので、こちらから根気よく働きかけるようにしたいもの。

部下が好きなこと、こだわっていることを、できるだけ褒めるようにしてあげると、本人も顔には出しませんが、心の中ではきっとガッツポーズをしているはずです！

## 恋愛編

### パートナーがシルバーのオーラだったら？

【恋愛傾向】

不器用なので、恋愛経験の少ない人が多い。

人に心を開くことはあまりありませんが、一度、

「この人だ！」

と思える人に出会うと、とても強い愛情を注いで、結婚へと進むタイプ。結婚後は、浮気は一切せず、その夫婦関係を一途に貫くことが多いですね。


**【対応】**

この色のオーラのパートナーに対しては、

「頑固だし、不器用だし……。でも、そこを含めて、魅力を感じるんだよね」

と、全部を好きになってあげることが大事。

ま、そう思える人でなければ、付き合えませんけどね（笑）。

また、人に弱みを見せない人なので、そばにいるあなたにだけは、甘えてくれるような関係をつくれるといいですね。

## 友だち編

### 友だちがシルバーのオーラだったら？

**【特徴】**

たくさんの人の中に入って談笑すること自体がストレスなので、パーティーや飲み会は好きではありません。付き合いが悪いと思われがち。

**【対応】**

友だちの集まりであれば、義務的に来ることはあるけれど、二次会は絶対に無理。そもそも集団で時間を過ごすことが嫌いなので、むりやり誘うことは極力避けてあげましょう。

## 子育て編

## 自分の子どもがシルバーのオーラだったら？

【特徴】

一つのことに、ものすごい集中力を発揮する天才肌。

でも、それ以外のことには興味を示さず、人とのコミュニケーションがとれないこともたびたび。悪い方向に行くと、引きこもりや登校拒否にも発展しかねません。


【対応】

子どもの性格をよく理解した上で、人間関係で悩まないように、常に親子でコミュニケーションをとり合い、できるだけ好きなことを自由にさせてあげるようにしましょう。

# ゴールドのオーラ

## 仕事編

### 上司がゴールドのオーラだったら？

【特徴】

お金、地位、名声に恵まれたカリスマ上司。
でも実は、ジェットコースターのような波瀾万丈の人生を送っています。
社交的に見えて、実はドライ。移り気なところもあります。

ゴールドの運は人にうつるので、そういう意味では貴重な上司です。

**【対応】**

人から注目されたいという思いが強いので、常にチヤホヤしてあげると、それなりに目をかけてくれます。

目に見える成果がモチベーションの人だけに、その成果を出すために一緒になって走ってくれる部下が好き。それに応えられるよう、がんばりましょう。

## 部下がゴールドのオーラだったら？

**【特徴】**

得意なことと、苦手なことが明確。また、職場では、組織のトップになるか、辞めていくかの二択の人です。


**【対応】**

仕事の出来具合も、一人で勝手に上達していくので、自由にのびのびと働かせてあげましょう。

得意なことに集中して100%の力を注げるような環境に、まわりがしてあげるといいですね。

## 恋愛編

## パートナーがゴールドのオーラだったら？

**【恋愛傾向】**

人に対する見切りが早く、

「この人は、ダメだ」

と思ったら、さっさと縁を切るので、恋愛で悩むことはほとんどありません。

ただし、まわりの人がビックリするような、地位や名声を持ったとんでもない人と恋愛する可能性大。

【対応】

波瀾万丈な人生を歩んでいる人が多いので、一緒に荒波を乗り越える覚悟が必要です。でも、金運は手にできますね（笑）。

また、ゴールドのオーラの人同士はうまく行きません。この色の人には、太陽と月の関係のように、陰で支えてくれるパートナーが必要。緑や青のオーラのパートナーとうまく行くでしょう。


―― 友だち編 ――

## 友だちがゴールドのオーラだったら？

【特徴】

いつも人に囲まれていますが、信頼できる友だちは数人しかいない人。意外と孤独な人が多いようです。
オンとオフがはっきりしています。

【対応】

プライベートに境界線を引いていて、「ここまでは入ってきていいけど、ここからは踏み込まないでね」というのが明確な人なので、友だちとして付き合うときも、そこには決して立ち入らないようにしましょう。

## 子育て編

### 自分の子どもがゴールドのオーラだったら?

【特徴】

小さいころから、なぜか目立ってしまう子どもです。

学校の先生などの大人にとても可愛がられるので、その分、やっかみや嫉妬からいじめられることがあります。

**【対応】**

子どもの特性を理解して、いじめなどを受けないように、親は常にフォローしてあげましょう。

また、ゴールドの子どもは、枠にはめられるのが苦手なので、

「人生は、自分で選択して生きていっていいのよ」

というスタンスで、自由に育てましょう。

Column

## オーラの色の相性ってあるの？

オーラの色にも相性はあります。ただ、いろんな色が重なっている人がほとんどなので、今、どの色が前に出ているかということでも大きく違ってきます。

基本的に、赤と青、赤とラベンダー、オレンジと青、ゴールドと青や緑など、**自分にないオーラの性質を持っている人同士は、相手の強みや弱みを補っていけるので、相性がいい**ですね。人の相性も、本文に出てきた補色の考え方と同じです。

逆に、**同じ色同士は、共感でき、「この人はわかってくれる」という安心感があってすぐに仲良くなれますが、サポートし合って伸びていくわけではないので、関係は発展しにくい**ですね——水色は例外で、相手の内にある悲しみや苦しみを理解し合っていけるので、うまく行きます。

# PART 5

# 有名人オーラ解説

## ——有名人を観察して、オーラをもっと知ろう

ここからは、14色のオーラの代表的な有名人たちを紹介していきます。

「へえ、そうだったんだあ」

「あ、わかる、わかる～！」

と、面白がりながら読んでいってください。ここに載っている有名人を、テレビなどで見るのが楽しくなることはもちろん、あなたのオーラに対する理解も、より深まると思います！

## 熱血・情熱　赤の有名人

赤のオーラの有名人は、結構います。代表的なのは、PART2のオーラ診断チェックシートにも登場した元プロテニス選手の**松岡修造さん**。

「修造さんがいると日本が暑くなり、寒くなったら修造さんは海外に行っている」

って言いますよね。まさに情熱、熱血タイプです。

元プロ野球選手の**新庄剛志さん**も、強力な赤のオーラの持ち主です。以前私は、彼が北海道日本ハムファイターズに所属していたとき、福岡のヤフオク！ドームに試合を見に行ったことがあるんです。そこで彼がグラウンドに出てきた途端に、球場全体がパーッと真っ赤に見えて、思わず目まいがするほどの強力なオーラを感じました。あれは今でもものすごく印象に残っていますね。彼は宇宙人です！

X JAPANの**YOSHIKIさん**も、軸のオーラが違うのですが、持っているオーラはすごく赤いですね。楽天株式会社の**三木谷浩史さん**やソフトバンクグループの**孫正義さん**も赤。起業家やベンチャーのトップなど、何かを成し遂げていく人は、必ず赤を持っています。

失敗を恐れず、人を巻き込むカリスマ性があるのが、赤の有名人の特徴です。

## クールで知的　青の有名人

脳科学者の**中野信子さん**は、青の人ですね。クールで知的。最近はテレビでもお見受けしますが、私は著書も大好きで、読ませてもらっています。

ホリエモンこと**堀江貴文さん**も青ですね。実業家ですし、一見赤に見えるけれど、軸に持っているオーラはすごく青い。とても面白いオーラで、元々左脳的に判断をしつつ、赤をまとって行動していくタイプ。現実をわきまえ、冷静に行動しています。

俳優さんの中では、**菅田将暉さん**もすごく青いですね。赤いときもありますが、自分なりの論理をきちんと持っている人だと思います。

# 人をとことん楽しませる　黄色の有名人

黄色のオーラは、お笑い芸人さんにたくさんいますね。

その中でも、**いとうあさこさん**は、とても美しい黄色です。彼女は純粋で、心の底から人を楽しませようと思って生きているという感じがして、私はすごく好きです。

ただし彼女は、黄色を持っているけれど、内面はピンクと水色。つまり、人に見せる顔は黄色だけれど、実は女性らしくて繊細で、すごく優しい人。悲しいことも、きっといろいろと抱えていると思いますね。それを上手に収めて、私たちを楽しませてくれているんですね。

黄色のオーラの吉本興業の芸人さんはとてもたくさんいて、なかでも**明石家さんまさん**は、ド黄色。一度、テレビ局のスタジオでお会いしたことがあるんですが、パッと拝見した姿が黄色すぎて、私は思わず、一回開けたスタジオのドアをまた閉めてしまいましたから（笑）。そのぐらい強烈な黄色でした。

さんまさんは、水色が１ミリもないので、きっと裏表のない人だと思います。

最近、ニューヨークで人気の**渡辺直美さん**も、パッションのすごくきいた黄色。彼女の場合は、青とオレンジも持っていますね。

私の知る限り、有名なお笑い芸人さんで黄色がないのは、**又吉直樹さん**だけです。

## フワッと純真無垢　ピンクの有名人

有名人を見渡しても、ピンクのオーラの人は少ないですね。

その中で、一度ＣＭのお仕事でご一緒した女優の**綾瀬はるかさん**。生でお会いしましたが、「まあ、ピンク！」と、思わず声に出して言ってしまうぐらい、ザ・ピンクでした。

恋愛のときにまとうピンクと言うより、純粋無垢の色。テレビでお見かけする姿のままで裏表がなく、相手が偉い人でもスタッフでも、誰に対しても変わらない態度だから、みんなに好かれるんですね。見た感じも優しく、フワフワワッとしていました。

それから、私が愛してやまない、フィギュアスケーターの**浅田真央さん**。スケートリンクに立っていないときはピンクとラベンダーで、そっとそこにいらっしゃる、という感じなんですね。

でも、リンクに上がると、赤とシルバーをものすごい勢いでまき散らすんです！

元々の軸の色はピンクで、演技になると赤をまとうパターンです。

あと、かなり唐突ですが、「ムツゴロウ動物王国」のムツゴロウさんこと**畑正憲さん**もピンク。私は小っちゃいとき、動物が好きで、ムツゴロウ王国に入りたくて、押しかけたことがあるんです。

そこでムツゴロウさんと一緒に、牛小屋に寝かされたんですけれど、やっぱり彼のように牛のお尻をなめたりすることは、子どもながらにできなかったですね。

でも、ムツゴロウさんはそれができる人です。それだけ純粋ということですね。

## 空気を読んで場を仕切る　オレンジの有名人

最近、テレビを見ていて思うのは、元フジテレビのアナウンサーのカトパンこと**加藤綾子さん**は、生粋のオレンジの持ち主だということ。たぶん彼女は、「オーラ診断」のオレンジのチェックシートの全項目に当てはまるのではないでしょうか。

機転がきき、コミュニケーション能力もあるので、番組でも場を仕切ったり、話をうまくまわしたりすることが、とても得意だと思います。

ただ、彼女は青のオーラも持っているので、冷静に自分の中で「これはある」「これはない」と判断して道を決めていっている面がありますね。

フリーアナウンサーの**田中みな実さん**もオレンジで、カトパンさんと同じようなオーラを持っています。

それから、みなさんは意外に思うかもしれませんが、嵐の**櫻井翔さん**。バランスがとてもよくて、場を仕切る能力が高い。嵐の中では唯一のオレンジかな、と思います。彼はキャスターにも打ってつけですね。

くりぃむしちゅーの**上田晋也さん**もそうですが、オレンジはテレビのバラエティー番組の司会者に多いですね。みなさん、空気を読んで対応するのがとても上手です。

## 生真面目な常識派　緑の有名人

緑のオーラといえば、不思議と多いのが、日本の政治家です。

なかでも、都知事の**小池百合子さん**は生粋の緑。真面目で、しっかりと仕事をしてくれていますね。ただ、政治家としての「こうしなければならない」という常識＝概念から出ないことをよしとしているところがあるように思います。

**PART2**の「オーラ診断」の緑の特徴のところでも少し触れましたが、日本の政治家は、世界の中でも守りの思考が強い日本という国で政治を司っているので、そうならざるを得ないのかもしれません。ただ、保守的で、チャレンジ精神があまり見られないのは、ちょっと残念かな、とも思います。

そんな中で、私がすごくいいと思っているのは、**小泉進次郎さん**。彼のオーラは赤で、緑がないんです。彼と結婚した**滝川クリステルさん**はラベンダー。あの二人がいい方向に行ってくれれば、日本も変わるかもしれないな、と期待しています。

ただ、進次郎さんが大臣になったということは、ものすごい緑のおじ様たちに囲まれているということ。つまり、そこには政治家という概念の塊の人たちが集まっているわけで、そうなると彼も自由を奪われて、オーラが別の色になっていく可能性が高いんじゃないかと、個人的には心配しています。

ちなみにお父様の**元総理大臣小泉純一郎さん**のオーラは、総理大臣就任以前は、緑もありましたが、基本的には赤。でも、総理大臣になった瞬間から、どんどん緑になったり青になったりして、結果的には緑になっていますね。

あと、お笑い芸人としては珍しく、**有吉弘行さん**も緑。彼は、コツコツと堅実にキャリアを積み重ねてきた人で、「俺が、俺が」と、自分のことを強く主張していくタイプではないようですね。以前、テレビのスタッフさんからも、「人に対する気づかいのある人」と聞いたことがあります。

**マツコ・デラックスさん**も、全部ではありませんが、緑のオーラを持っています。テレビなどで見ていても、例えば礼儀をきちんと守るなど、「守るべきことは守る」というところがしっかりある人、という印象ですね。

## 個性派で自由人　黄緑の有名人

黄緑の有名人としてあげるのは、写真家・映画監督の**蜷川実花さん**。彼女の場合は、軸のオーラが元々黄緑で生まれているんですね。そこにお父様が演出家の蜷川幸雄さんという家庭で育って、ブレずに黄緑として活躍されている。
彼女はパッションの赤も持っているので、赤と黄緑色のバラの形のオーラが、まわりに咲いている感じですね。

青のオーラで登場した**堀江貴文さん**も、黄緑色を持っています。

「宇宙に行きます」

と言って、実際に行動に移そうとする人は、やはり黄緑です。前にも述べましたが、ファンの好き嫌いは分かれますが、歴史に残る可能性は大です。

あと、マルチタレントの**リリー・フランキーさん**。発想が独特で面白くて、私はとても好きですね。全部ではないけれど、黄緑がとても多いです。
同じくマルチな才能を発揮している**宮藤官九郎さん**もそうですね。個性的な人は、だいたい黄緑の可能性が高いです。

## 大人っぽくてミステリアス　紫の有名人

紫のオーラの代表的な女優さんは**仲間由紀恵さん**。彼女はピンクだった時期がありますが、基本的には紫。凛として大人っぽく、ミステリアス。憧れますね。お子さんが生まれて、紫にポコポコッとピンクが見える状態で、とても美しいオーラです。

意外に思われるかもしれませんが、女優の**石原さとみさん**も青と紫です。彼女は冷静で、信頼できる人。一見フワッと見えるかもしれませんが、恋愛のときは別にして、中身は基本的にりりしく、ザ・男っていう感じがありますね。

あと、最近は女優としても活躍している**水原希子さん**。一度会ったことがありますが、宇宙にまで伸びている紫のオーラでした。彼女独特の個性と、圧倒的な重厚感がありります。男性では、嵐の**松本潤さん**も紫ですね。

**吉永小百合さん**も、とても美しい紫です。彼女はほんとうに長い間、変わらずに人気を得ている人。カリスマ性と落ち着き、品のよさがあります。

彼女のように変わらない人気で芸能界にずっといる俳優さんで紫でない人を、私は見たことがありません。みなさん、紫のオーラで自分の軸がしっかりしているからこそ、時代の変化を受け入れ、いろいろな役を演じきれているということですね。

## 癒し系だけれどしっかり者　ラベンダーの有名人

女優の**石田ゆり子さん**は、まさにラベンダー。見た感じで、わかりますよね。フワッとしていて、人を癒やす力があります。同じ癒し系でも、ピンクとの違いは、ラベンダーは中身がしっかりしていること。

女優の**有村架純さん**は、ラベンダーと青を持っているので、冷静で男性的な思考もしますが、基本的には人を癒やす力があると思います。**小林麻央さん**も、ほんとうにラベンダーでしたね。

あと、前にも登場しましたが、**滝川クリステルさん**もめちゃくちゃラベンダー。彼女で説明するとわかりやすいのですが、見た目はバリバリのキャリアウーマンの印象なので、冷静な青いオーラかと思いきや、中身はすごくラベンダー。

一緒にいても、その辺で急に転んだりと、とても可愛らしいんですね。きちんと仕事をこなす点では青っぽいんですが、基本的には、そばにいてほしい癒し系です。

だから、小泉進次郎さんが二人の結婚を発表したとき、

「彼女といると、本来の僕でいられる」

と言ったのは、よく理解できます。彼女はマリアブルーとラベンダーをまとっていて、それらの色は人に癒やしを与える、母性の色。そういう意味でも、ラベンダーは柔らかいけれど、ちゃんと芯のある色です。

## 老若男女に好かれる　レモンイエローの有名人

この色のオーラの人はなかなかいないんですが、V6のイノッチこと**井ノ原快彦さん**は、ずばりレモンイエロー。こんな旦那さん、いたらいいなって思いますよね。

レモンイエローは補色の人がほとんどで、成長するうちにインプットされる場合や、生まれたときから持っている場合もあるけれど、軸であることはほとんどありません。

なのにイノッチさんは、
「どうやったらこういう人が生まれるんだろう?」
と思うぐらい、元々の色がレモンイエロー。

ＮＨＫの朝番組をやっていたぐらい、老若男女に好かれる、爽やかでいい人ですよね。この色は、グループに一人いるといいと言われていて、Ｖ６も、イノッチがいるからこそ、成り立っているというバランスがあるんです。

それから、嵐の**相葉雅紀さん**。全部がそうではないけれど、レモンイエローが強い人です。相葉君がいるからこそ、嵐がまるっとまとまっている感じがありますね。

あと、元ＡＫＢ48の女優の**大島優子さん**。グループにいたときは、一見、パッションの赤のようでしたが、実は彼女はレモンイエロー。ＡＫＢ48の中で、この色の人は彼女しかいなかったので、すごく際立って見えていました。

というのも、レモンイエローは、グループの中でこそ際立つ色。だから、今やっている女優さんとしては、元ＡＫＢ48という存在にとどまらず、自分の行く道をきちんと選んで、がんばってほしいですね。

## 魔性のオーラを放つ　サーモンピンクの有名人

サーモンピンクは、魔性のオーラ。お笑いタレントの山ちゃんこと**山里亮太さん**と結婚したことで話題になった、女優の**蒼井優さん**は、この色のオーラを持っています。彼女を見ると、やっぱり魔性の感じが漂っていますよね。

でも彼女は、青とシルバーも持っているので、自分の持っているフェロモンに関しても、「私はこのようにする」と、賢く頑固に判断している可能性が高いですね。

タレントの**安めぐみさん**も、全てではないのですが、サーモンピンク。女優の**桃井かおりさん**も、そうですね。彼女は60歳を過ぎても、いまだに色っぽいですが、あれは持って生まれたものですね。

それから**大竹しのぶさん**も、全部ではないけれど、やっぱり持っています。だから、何か色っぽいというか、ただならぬ魅力が出ていますよね。

男性では、歌舞伎役者の**市川海老蔵さん**（2020年5月に團十郎を襲名）。以前、私はあるスタジオで、エレベーターに乗り込むと、後ろに男性が立っていたんです。で、しばらくすると、後ろから何かがモワモワッと漂ってきて、私までなんだか体がポカポカしてきたんですね。それで、

「え？　なんだろう？」

と思うのと同時に、少しめまいがしてきて……。そのあと、エレベーターを降りてから後ろを振り返ると、海老蔵さんがジャージを着て立っていました。あれはもう、いろいろな浮名を流すだけあるフェロモンでしたね。

ただ、奥様の**小林麻央さん**と出会って、病気で亡くされてからは、だいぶオーラの色が変わっていました。持っているサーモンピンクはまだありますが、今は紫。

彼女と出会ったことで、人を愛する辛さや苦しみ、悲しみを知って、今もなお、彼女に信頼されたい、恥ずかしい自分を見せたくないという思いが強い。だから、どんどん紫のオーラになっているのではないでしょうか。

## 人に真の感動を与える　水色の有名人

この色で代表的なのは、Ｘ ＪＡＰＡＮの**ＹＯＳＨＩＫＩさん**。彼がステージで放っているのは放射状のメタリックレッドですが、元々持っているオーラは水色とシルバー。だからこそ、音楽やその生き様で、多くの人の魂を震わせるんですね。

彼の場合は、人生の中で遭遇したさまざまな悲しみを全て抱え込んだ水色と、ステージで見せている赤との、ものすごく大きなギャップがあるからこそ、アーティストとして人々を感動させているんだと思います。

**東方神起のユンホさんとチャンミンさん**の二人もそうですね。私のブログのフォロワーには、東方神起のファンが結構いらして、その方々から送られてくる動画を見ているうちに、私もまんまとはまってしまったのですが、彼らもやっぱり水色。彼らの歌のように、聴いているだけで、ただただ涙が出てくるような、切なさと悲しさを表現できる人が、水色には多いですね。

ジャニーズの**滝沢秀明さん**も、水色の人です。ステージに立っているときは、明るくポジティブで、とても華やかに見えましたよね。

でも、私は水色に見えたので、調べてみると、家がとても貧しく、お母さんを助けるためにジャニーズに入ってと、ものすごく苦労している。そういったいろんな苦しみや悲しみを知っているからこそ、それを繊細に表現していったんですね。

**又吉直樹さん**も水色のオーラを持っていて、とても繊細ですね。だからこそ、人の心に訴える小説を書けた。タレントの**壇蜜さん**も、水色ですね。

有名な画家で言うと、**フィンセント・ファン・ゴッホ**は写真で見る限りですが、たぶん水色があったはず。心の傷を表現して、魂の絵を描く画家たちは、水色を必ず持っていますね。私自身も絵を描いていますが、おそらく水色があると思います。

水色は何か悲しいことがあったら必ずやってくる色なので、誰もが持つことがあるけれど、悲しみが終われば消えてしまいます。

でも、アーティストの場合は、消えることがないんですね。永遠に消えることのない水色を持っている人たちには、悲しみや辛さを超えて、それを人々を感動させるために表現していく役割が、きっとあるのだと思います。

## 職人気質の極め人　シルバーの有名人

シルバーの有名人は職人気質で、一つのことに没頭すると、ものすごい勢いで突き詰め、極めていくから、誰も近づけない。人間関係も、限られた人たちの間で、濃い関係を築く傾向がありますね。

アップルを立ち上げた**スティーブ・ジョブズさん**は、青も持っているけれど、基本的にはシルバー。スピーチを聴いても、すごくストイックですよね。だからこそ、最後まで極められた。

でも、彼の場合は、それを嫌う人もいましたね。多くの関連書にも、「あんなひどいヤツはいない。だけど、才能はすごかった」

と書かれている。


キムタクこと**木村拓哉さん**には、シルバーの龍がいます。龍がいる人って、これまた珍しい。彼はいろんなオーラを持っているけれど、シルバーが強いので、それだけ、

「自分はアイドルとしてはどうなのか?」

「俳優としてはどうなのか?」

「ジャニーズとしてはどうなのか?」

と考え、極め続けてきたということですね。


あと、フィギュアスケートの**羽生結弦さん**も、めちゃくちゃシルバー。ファンとしては、彼の取り組み方はほんとうにすごいと思う。氷上では赤になりますが、普段は、

「そこまでやらんでいいよ〜」

っていうぐらい、ストイックですよね。

元大リーグ選手の**イチローさん**も、赤がある人ですが、結構強いシルバー。だからこそ、日本とアメリカで、プロ野球選手の道をストイックに歩んできましたよね。

結果を出すアスリートは、シルバーの人がとても多いですね。

## 人生そのものがミラクル　ゴールドの有名人

ゴールドで、人生そのものがミラクルなのは、デヴィ夫人こと**デヴィ・スカルノさん**。一度、フランスのカンヌで実際にお会いしたことがありますが、彼女があらわれたとたんに、まるでモーセの十戒みたいに、会場のオーラがサーッと変わって、まわりのみなさんが注目して話に聞き入る、という感じでした。

彼女はシルバーも持っているゴールドなので、とても頑固。でも、天性のものがあるから、波乱に満ちた人生かもしれないけれど、結果的には金運・財産運があるんですね。

女優の**広瀬すずさん**は、子役のときからゴールドを持っています。だから、映画やテレビドラマの役など、いろんな運に恵まれていますよね。

高須クリニックの**高須克弥さん**も、占術家の**細木数子さん**もゴールド。風水で有名な**Dr.コパさん**も、面白いぐらいの金色で、しかも、ザ・テレビみたいな真四角の金色オーラです。

## オーラ色別・あなたの適職

### 赤のオーラ

先陣を切って、何かを生み出していくリーダー的な気質があるので、**起業家、新規開拓事業の社長、営業マン、アスリート**などに向いています。挑戦することが好きで、チャレンジ精神で突き進みます。

### 青のオーラ

戦略的にプロジェクトを遂行していく才能があり、数字やシステムにも強いので、**IT系技術者や医者、看護師など、理系の職種**に向いています。企業のポジションで言えば、取締役など、**社長の参謀タイプ**です。

**黄色のオーラ**

誰にでも好かれるので、人とかかわる**接客業**、**サービス業**、**メディア**、**エンターテインメント業**、**旅行業**などの仕事に向いています。人を楽しませるホスピタリティの能力も高いので、**芸人**、**コメディアン**にもこの色の人が多いですね。

**ピンクのオーラ**

優しい性格で愛情深いので、人をケアすることが得意。**保育士**、**看護師**、**動物にかかわる仕事**などに向いています。また、**女性向けのサービス**や、**ブライダル業**など、この色の持つ〝女性らしさ〟を生かせる仕事にも適しています。

**オレンジのオーラ**

コミュニケーション能力が高くフットワークが軽いので、人と人をつなぐ仕事や、各所を飛び回る**マスコミ業**、**広告業**、**マーケティング業**、**司会業**、**海外出張の多い仕事**に向いています。アイデアが豊富なので、**企画に携わる仕事**にも適しています。

**緑のオーラ**

着実に、正確に、コツコツと物事を進める能力が高いので、**会計士や企業の経理、医者、政治家、公務員**などの仕事に向いています。堅実にキャリアを積み重ねていく中で力を発揮します。

**黄緑のオーラ**

独特の感性を持ち、時代の流れを読むのが得意なので、**発明家、デザイナー、クリエイター、作詞家**などに向いています。大きな組織に属すよりも、フリーランスで活躍していくタイプです。

**紫のオーラ**

包容力があり、「頼りたい人NO1!」の紫の人は、**指導者、教育者、企業や宗教団体などの相談役・取締役、マネージャー、地域の相談役**などに向いています。また、**俳優、カウンセラー**にも、このオーラの人が多いですね。

**ラベンダーのオーラ**

**人に喜ばれることや自分が好きなこと**に能力を発揮できるタイプなので、それがかなうのなら、組織、フリーランスのどちらでも活躍できます。また、マイペースを大事にするので、**自分でスケジュールをコントロールできる仕事**が合っています。

**レモンイエローのオーラ**

縁の下の力持ち的な存在なので、**チームのサポートをする仕事**に向いています。組織に所属していてこそ、重宝され、能力を発揮する人。誰にでも好かれて人当たりがいいので、**人事や採用担当**にも適しています。

**サーモンピンクのオーラ**

人を惹きつける魅力があるので、異性を接待する**ホステスなどの接客業**に向いています。美意識も高いので、**エステティシャンなどの美容関係やファッション関係**、フェロモンの力を利用した**セラピストやマッサージ師**の仕事にも力を発揮します。

**水色のオーラ**

感性が鋭いので、何かを表現する仕事に向いていて、**美術家**や**音楽家**、**小説家**、**詩人**などの**芸術家**、**アーティスト**に多く見られます。また、人の心の痛みがわかるので、**カウンセラー**にも適しています。

**シルバーのオーラ**

好きなことを限界まで極めていくので、**職人**、**研究者**、**専門家**に向いています。コミュニケーション下手なので、大きな組織で働くのは苦手ですが、自分の専門分野を生かせるのであれば、その中でも問題ありません。

**ゴールドのオーラ**

一代で財を成すミラクルな人。組織に入ることは、最初から考えないほうがいいかもしれません。失敗は多いですが、成功もつかめるので、思い切って羽ばたいていきましょう。**実業家**や**理事**として成功して、セレブになっている人が多いですね。

# エピローグ

命って、ほんとうに尊いものだなあ。

日々さまざまなオーラを目にしていると、つくづくそう思います。

本書でも少し述べましたが、私たちは誰もが、お母さんのお腹の中でピンク色の生命として誕生し、光になってこの世に生まれてきます。

生まれたばかりの乳児のことを、

「光の玉のような赤ちゃん！」

って言うことがありますよね？

まさにその言葉どおり、赤ちゃんはみな、美しい光のオーラに包まれてこの世に生まれてくるんです。

その赤ちゃんも、やがて1歳を迎えるころには、またピンクのオーラに戻って子ども時代を過ごし、成長しながら人とは違う唯一無二の色をまとって、自分だけの人生を歩んでいきます。

そして、その人生を終えるときには、また光のオーラに戻り、だんだん黒のオーラになって、あとは色の一切ない死を迎えるのです。

そんな人の命の移り変わりをオーラで見ていると、**みんな同じ色で生まれ、同じ色で死んでいく生命としての一生の中で、ほかの誰でもない、自分だけのオーラの色をまとって生きられる時間の貴重さが、切ないほどよくわかります。**

だからみなさんにも、短い人生の中での、美しくて尊い、今のこの瞬間を大事に生きてほしい……。

そんな願いを込めてつくった『THE AURA』が、読者のみなさんにとって、自分のカラーを知り、ほんとうの自分を見つめ直し、人生やまわりの人たちとの関係をもう一度振り返るきっかけとなれば、それほど嬉しいことはありません。

ほかの誰でもない、あなたならではの幸せを祈って。

西村麻里

**西村麻里**
**コピーライター／クリエイティブディレクター／**
**アーティスト**
熊本に生まれ、ダメンズ父とダメ母、発達障害で引きこもりの妹と暮らし、中学時代はママチャリで新聞配達。奨学金で短大から美術大学へ編入後、中退してカナダでインターン。帰国後は熊本で広告デザイナーとして働き、父の借金を返すため年収1000万円を稼ぎ出す。その後コピーライターへ転身し、スカウトされ東京の大手代理店へ。国内や海外の広告賞を総なめにするなか、孤独死した父の遺体確認と葬儀をたった一人で行なったり、実家が全焼したり…。一方、持って生まれた「共感覚」を活かし、ラジオ番組や「VOGUE」の占い連載などで数万人の悩みをカウンセリング。
2016年からは龍を描くアーティストとして、ロス、ニューヨーク、ベルリン、ロンドン、カンヌなどでも個展を開催。ニューヨーク、東京をベースにアーティスト活動を展開し、ロンドンやフィレンツェで壁画も制作など世界で活動中。2020年公開の映画「響 HIBIKI」にも画家として出演。著書に『龍スイッチはじめよう』(WAVE出版)がある。

才能・仕事・人間関係・恋愛・金運の鍵をひらく
THE AURA

2020年3月26日　第1版第1刷発行

著　者　西村麻里
発行所　ＷＡＶＥ出版
〒102-0074　東京都千代田区九段南3-9-12
TEL 03-3261-3713　FAX 03-3261-3823
振替 00100-7-366376
E-mail: info@wave-publishers.co.jp
https://www.wave-publishers.co.jp

印刷・製本　萩原印刷

---


NDC147 239p 19cm
ISBN978-4-86621-266-1